entremilênios

COLEÇÃO SIGNOS
dirigida por Augusto de Campos

Supervisão editorial
J. Guinsburg

Organização
Carmen de P. Arruda Campos

Projeto gráfico e capa
Sergio Kon

Revisão de provas
Iracema A. Oliveira
Gênese Andrade

Produção
Ricardo W. Neves
Raquel Fernandes Abranches
Sergio Kon

haroldo

m•ielnêtnrieo•s

de campos

PERSPECTIVA

Copyright © Ivan P. de Arruda Campos e Carmen de P. Arruda Campos, 2009.

Dados Internacionais de Catalogação na Publicação (CIP)
(Câmara Brasileira do Livro, SP, Brasil)

Campos, Haroldo de, 1929-2003.
Entremilênios / Haroldo de Campos. – São Paulo: Perspectiva, 2010. –
(Signos; 48)

1. reimpr. da 1. ed. de 2009
ISBN 978-85-273-0848-9

I. Poesia brasileira I. Título. II. Série.
09-00143   CDD-869.91

Índices para catálogo sistemático:

1. Poesia : Literatura brasileira   869.91

1ª edição – 1ª reimpressão

Direitos reservados à

EDITORA PERSPECTIVA S.A.

Av. Brigadeiro Luís Antônio, 3025
01401-000 São Paulo SP Brasil
Telefax: (11) 3885-8388

www.editoraperspectiva.com.br

2010

sumário

p. 11   nota da organizadora – carmen de p. arruda campos

pinturas escritas / escritos-pinturas

p. 17   adriana ascende à nuvem de magalhães

p. 21   brinde em agosto

p. 25   max bense desenha épuras

p. 27   o labirinto de gershon knispel

p. 33   o lance de dados de monet

p. 37   *origo vitae*

p. 41   os palimpsestos parietais de bruno giovannetti

p. 45   réquiem

p. 53   para sacilotto/operário da luz

p. 55   iole de freitas

musa militante

p. 59   2000

p. 65   a musa não se medusa:

p. 75   *apocalypse now*

p. 79   circum-lóquio (*pur troppo non allegro*) sobre
o neoliberalismo terceiro-mundista

p. 87   *senatus populusque brasiliensis*

p. 99   o contra-senso de washington

circum-
stâncias

p. 103	a morte vestida de verde-jade
p. 113	enigma
p. 115	*explicatio vitae*
p. 119	*il cuore*: interlóquio milanês
p. 125	milano revisitado: 2001
p. 127	pardès
p. 129	são paulo
p. 137	visão em veneza
p. 145	venezia: santa maria dei miracoli
p. 149	visitando a *domus aurea*
p. 153	délficas
p. 157	legenda negra
p. 161	o ozônio dos deuses

lendo a *ilíada*

p. 167	1
p. 169	2
p. 173	3
p. 175	4
p. 179	5
p. 181	6
p. 185	7

p. 189	8
p. 191	9
p. 193	10
p. 197	11

terceiras transluminuras

p. 205	*odisséia*, VI – homero
p. 207	*odisséia*, XII, o canto das sereias – homero
p. 209	à margem da *odisséia* – náufrago atônito – jorge guillén
p. 211	*omeros*, capítulo XXIX, III – dereck walcott
p. 213	pernilongos ranzinzas – meleagro
p. 215	maurice scève
p. 217	ganimedes – johann wolfgang von goethe
p. 219	amor: pintor de paisagens – johann wolfgang von goethe
p. 223	ideal – giosué carducci
p. 225	prelúdio – giosué carducci
p. 227	de *a última viagem de ulisses* – arturo graf
p. 229	de *a última viagem*, XXIV, calipso – giovanni pascoli
p. 233	bacante – gabriele d'annunzio
p. 235	o encontro de ulisses – gabriele d'annunzio
p. 241	*felice nioben*! – gabriele d'annunzio
p. 243	gottfried benn 1
p. 245	gottfried benn 2
p. 247	da *viagem terrestre e celeste de simone martini* – mario luzi
p. 253	de *caderno gótico* – mario luzi

ENTRE

nota da organizadora

Não é possível saber quantos anos Haroldo de Campos dedicou a *Entremilênios*, mas pelo menos cinco foram necessários para esta organizadora levar a cabo sua tarefa. Este livro é um bom exemplo do processo criativo do autor: as múltiplas atividades concomitantes que Haroldo de Campos desenvolvia deixaram marcas peculiares nos originais. Esses traços sugerem que o poeta concentrava boa parte de suas energias no momento da criação, deixando em plano secundário a organização do material produzido, confirmando o que pude verificar no convívio diário com ele, por muitas décadas. O conceito de "obra aberta" parecia efetivamente nortear sua produção. Era normal ele elaborar e reelaborar os índices de suas obras, acrescentando, suprimindo e deslocando seus tópicos. No caso de *Entremilênios*, tive de lidar com a dificuldade decorrente dessa prática, pois localizei vários índices parcialmente discrepantes. Como era necessário adotar um ponto de partida, escolhi o sumário mais completo, procurando entender suas diferenças e semelhanças em relação aos demais. Haroldo de Campos já havia revisto a digitação da maioria dos textos, deixando, para a menor parte deles, problemas não pequenos que tive de enfrentar: diferentes versões, decifração de grafia, complexo sistema de hifenização, quebras incomuns de versos, localização de folhas que davam continuidade a um mesmo poema etc. A intensidade de sua produção assemelhava-se à de uma explosão cósmica, o que explica o fato de o livro, concebido na virada do milênio, só agora vir a público: demorou muito mais tempo do que inicialmente imaginava o resgate e a fixação de suas partículas luminosas.

Cabe destacar também o papel fundamental das conversas que mantive com o autor sobre *Entremilênios*. Apesar de difícil, meu trabalho foi gratificante, pois tive mais uma vez a possibilidade de conviver com a dinâmica produtiva de um escritor singular. Somente a atividade inventiva interessava efetivamente a Haroldo de Campos. Ele manifestava desconforto quando não estava produzindo algo novo. Quando passava a fazê-lo, a aparente ansiedade anterior dava espaço a uma tensão interna diferente, refletida na multiplicação veloz de seus vastíssimos campos de interesse. O número de desafios criados crescia incrivelmente nos últimos tempos, como se se tratasse de um Ulisses concentrado na superação das barreiras de sua viagem. Sua relação com o tempo era incomum. Tinha pressa, muita pressa. Minha preocupação maior foi a de interferir o mínimo possível no projeto original. Pesquisadores do futuro avaliarão se me saí bem ou não nesta missão.

CARMEN DE P. ARRUDA CAMPOS

entremilênios

A Trajano Vieira

pinturas escritas / escritos-pinturas

adriana ascende à nuvem de magalhães

1.

no uruguai em salto (princípio
dos anos noventa) onde horácio quiroga
torcicolara sua anaconda
(o bar do hotel tinha esse nome)
conversamos sobre a
nébula   melhor dizendo: a nebulosa
a nuvem estelar de
magalhães — a pequena e a
grande nuvem (onde anos oitenta uma
brilhantíssima! — super-
nova vizinha da
constelação da
tarântula — exsurgira)

2.

entretecida nessa trama sidérea
adriana buscava resolvê-la num
roteiro de filme: o (vislumbrado) fio
de ariadne para escapar ao minotáureo
labirinto obsessivo em que a precipitara
aquele torvelim pulverulento
de astros dispersos fagulhando imagens

3.

antes (no méxico) levara-me (ela
e seu amigo) levaram-me a puebla
para que eu pudesse ver a igreja barroca
onde a mão artífice dos índios havia
– a contrapelo do enredo cristão
pastoral e pastoreante – impresso
suas digitais reversas: sua ex-
-orbitada sigla fitomórfica de origem
seu "não plumário"
(como em potosi kondori
o arquiteto-inca a contra-
-signo o
fizera)

4.

foi então (dias mais tarde) que adriana
deu-me o pequeno caracol de cerâmica
glifo   sobrevivo entre detritos

de algum remoto constructo – palácio? templo? –
derelicto
         um portador-de-fortuna (fabulei)
com círculos concóides branco-traçados sobre
um fundo pardo-terra
                pensei

em dar-lhe em troca outra
oferenda: um cisne
para sua tessitura magalhânica
de idéias-ícones: não o de
baudelaire não o *d'autre fois*
de mallarmé mas o de outro estefânio
stefan george (aquele que morrendo das
esmorecentes pupilas
dardeja-nos um lampejo trans-humano
a recordar-nos que
"das figuras da vida o sentido é insondável")
– cisnes todos esses que   *cygnus/signum*
no seu canto último já conversos em mitemas
cisnencantam-se

5.
assim também adriana:
decifrado o mistério nuvioso
de magalhães   encantou-se
desanuviada

               e é agora
um brilho novo
uma semprestrela nova
um fogo de santelmo
na caravela sideral
do nauta céu-vagante

ENTRE

septua-
genário! – décio
bárbaro alexandrino
do calábreo chão de horácio
para osasco (a obreira)
pignatari ceramista
de versos tor-
neados à mão (como no
gesto inaugural da argila
proto-humana ELE-O-
-NOME afigurou o
homem o
nomenclator
rubro-argiloso adão
que deu os nomes) as-
sim pignatari (décio)
oleiro de poemas
perfeitos como aquela
ânfora grega onde negras
silhuetas de heróis
heteras deuses
encenam suas legendas sobre o liso
polido bojo lúcido-magenta

ou como esse marajoara
vaso construtivista de espontâneos
– motivos geométricos –
concreto: feito a poesia
(a nossa) dos cinqüenta
a tua: "o carrossel"
"rumo a nausícaa"
"terra" "coca-cola" "life"
o orgásmico "organismo" "mallarmé
vietcong" (do "exercício
findo") antes a "estela
cubana" e ainda antes
"fadas para eni" fiori-
tura neobarroca (logopaica) e
lila sobretudo
("são tarde são
muito tarde os seios
com que agora")
penélope intemerata
(intimorata)
ternura ucraniana em rútila
têmpera de metal rutênio
e essa
perseguição da prosa
obsessiva ("um cáspite amarelo!"):
"panteros" (o artista quando

jovem) "o rosto
da memória" – "frasca": prova
prévia *ur*-forma deste agora
finalmente cozendo no alto
forno da olaria de nuvens – "enterrar
césar" – um romance
para tirar a prosa
da prosa
(*in progress*)

septuagenário
pignatari
"mallarmé calábrico"
(augusto augusto disse)
sob o signo
da ursa o set'
estrelo – sigla
dos inventores extremando
em falésia –
décio
leão de agosto
eu
também do agosto mês oitavo
eu
"o príncipe cantor com seu
carmen de vida"

(assumido poeta do *tu*)
como o chamaste nos
idos semprevivos da "rosa
d'amigos" aberta
e florescendo no
final dos quarenta
                    — e até hoje *l'olors*!
eu ergo este copo e
— coração fraterno —
faço um brinde (septu-
agenário!) a
você
poeta dos pignatari
fabbro (il
miglior)

max bense desenha épuras
puríssimas a giz
sobre a ardósia verde-lisa

deslinda as tríades de peirce
e adentra a selva dos signos
para colher prazeres precisos
na fonte icônica de onde jorra
a poesia: lúcida
como um diagrama nítido
concluso em sua álgebra
de diamantes

          depois fascina-se
alumbrado pela espermática
inteligência tropical (selva de signos)
e dá com cartesius metodicamente meditando
curvas e retas no planetário aterrisado em pleno
plano-piloto:
          guiado pela mão geômetra
          de joão cabral
          visita brasília

ENTRE

o labirinto de gershon knispel

I.

vamos à polônia
wir fahren nach polen
dar uma tunda *um juden*
nos judeus *zu verschollen*:
sova nessa corja: a
solução final: a
suástica sobre a
estrela de davi
garras em aresta
contra as amarelas
(imbeles)
pontas estreladas
que sangram:
amarelo-lívido astro
(desastrado)
do mal:
      SZ
      Z 16972
      WAGON A. FRANK
      NACH AUSCHWITZ
      KA-ZET

o vagão *vacum*
ferragens sinistras
estaca
arfando:
ao lado os pré-
lêmures ignorantes
de sua iminente
condição de larvas
(o azul arroxeando
é uma equimose e coagula
sobre a pele da tela)

2.
então os músicos
saltimbancos da morte
os tocadores de
violino e trombeta
– cordas metal cordas –
puxando a carreta
camponesa
inermes
feito espectros so-
rumbáticos: cabis-
pensos uns
olhicerrados outros
magras cabeças de fantoches
sempretocantes:

enquanto investe
como um arpão aquilino
a águia názi
aço rapinante:

mas já cadaveroso
um soldado azul-ferrete
– crânio no elmo do capacete –
jaz
fulminado
enfim
miyyad ha' do fulgor
justiceiro da
mão de *elohim*

3.
tanques–tratores
e o general inverno
tempestuam
tatuados de letras cirílicas
varrendo no rilhar das esteiras
os restos–rastos do ódio:

ich bin am ort das	eis-me aqui a
grösste schwein	suína-mor
und lass mich nur	somente vou prá cama
mit juden ein	com judeus

a boca do canhão
vela pela jacente
valquíria (escorraçada por
seus con–
cidadãos nazicarrascos) –
feldhure: puta do campo de batalha
loira em grand'aberto
decúbito
fartos seios esféricos
madalena do arame farpado
morta ou talvez
em dormevela –

enquanto uma lata letal
de gas *ziklon*
rola sobre estilhaços de
suástica: tudo tinto de
amarelo e roxo
luscofusco
luz e breu

4.
advém então o anjo
sobrevém
o anjo-de-baioneta-calada
sobrevoa

o arcanjo-paraquedista

— *hana senesh*

alidourada —

rompendo as farpas dos

aramados

resgatando

da queima que avermelha

os livros de poemas

(heine brecht)

— *hana*! —

riscando o

fósforo feliz

que no extinguir-se

incita a chama

ENTRE

o lance de dados de monet

com monet
a pintura se transfigura
se transpintura
se ruptura:
      cores
      esse novelo abissal
      de cores onde um
      sol pode estar
      farfalhando luz
      na tônica da
      palavra nenúfar
      ou declinando a sombra
      áureo-satúrnea desse
      outro (si mesmo) nome
      floral: nelumbo
      tudo isso vindo a
      ser uma
      azul pantera sub-
aquática
      cujo rugido emerge
      como que enjaulado
      na câmara de ecos do
      roxo do violeta do

cianuro do
cítreo–blau
mitileno: turquesa tirante a
ônix de tão turva
até ao verdeazul
mais suave aqui
(suave) a
ensafirar–se

ruge a pantera submersa
e o que aflora
é a colméia explosiva
das ninféias
em tênebras noturnas ou
já aurorescendo rododáctilas
ao toque puníceo do
agílimo pincel capaz de estrias
de vênulas de tachas
de borrões turbinosos
e moventes

monet septuagenário?
– *plus quam*:
octogenário!

sob o amplo chapéu de abas–
–quebra-sol
gigante barbibranco
– o olho convalescendo
de expulsa nivosa ca–
tarata –
é um que pode
olhar de frente para o sol
e reparti-lo
(como a pupila aquilina
que não se esbranca
ao encarar
a fulva combustão do astro
hélio-fogoso)
e reparti-lo em
canteiros de flores–
–cores no seu
jardim (não sus–
penso) de givenchy
edêneo onde
passando a ponte de
bambu o mestre
(ele)
joga seu jogo extremo –

bate-se
armado de um punhal –
pincel em prisma –
contra o escuro
a iminência do escuro
a negrescente oclusão da
não-cor
e no transcéu então
inscreve a nova
constelação (entre a ursa
– a menor e a maior –) das
ninféias

courbet – esta
insólita aranha genesíaca
e no entanto comum aracnídeo
de uma espécie doméstica
– domesticável –
pompeando como um pendão
grandeaberto
seu negro tosão
sua felpa veludínea
recortada em triângulo
de cabelos intonsos – pelos
interstícios pelos (entre-
mentes)
recorta-se a brecha de onde a vida
desabrocha: grumo pérola
ampola fetal ov-
ante infante
que emerge da amniótica
piscina placentária:
então a vida grita
espasma
desumbilicada de seu fio

nutriente
essente e só
no oco do nascedouro e
parida en–
dereçando-se ao funil
torvo da morte apenas
(por quanto tempo?)
d e l o n g a d a   mas agora

é vida
buscando o seu viveiro
ao arenoso ritmo
fluente e
neutro da ampulheta
que escoa

e depois de gerar
ei–la a vaginada aranha
canibal
devolta ao seu mister de
vênus
ao seu monte de pelúcida
alfombra e clitorídea ninfa

e ao seu ofício
carni-
vorante

crua e nua
brasonada
de riçados cabelos
boosco deleitoso
orto meio–aberto meio–ocluso
entre lisas coxas branco–bi–
furcadas – ora
escumoso
bucentauro de núpcias
ora
carenada caverna ou
sorvedouro válvulo
que –
dionéia de cílios
licorosos
drósera orvalhada
e purpurante
ros solis –
devora carne humana
e lancinada
g o z a

ENTRE

MILÊNIOS

os palimpsestos parietais
de bruno giovannetti

ícones derelictos
efemérides do efêmero
instâncias (des)encontradas do in-
(con)stante

o olho-câmera colige
as inscrições (as incursões) do
tempo nos muros
as imagens arruinadas
as destatuagens
da ação do tempo na
inação mural do espaço

o rosto em retalhos
de modigliani
convive com a meia-face arborescente
de picasso

uma semilua em
cimitarra
vela sobre uma estátua eqüestre
de chirico do improviso
com debruns de cor

letras roídas
uma estranha asa–barbatana
amarela sobre o asfalto

fantasmas se esbranquiçando
a contrazul
na ponte carlos (praga)

donne belle misteriose
insinuadas em branco sobre
fundo preto
entre rasgões marrom–mínio
e os destroços da palavra *occhio*

carducci no muro
encardido com
zonas de claridade
acidentadas como geo–
grafias: ode bárbara

construtivismo branco–
vermelho contra amarelo
e arcos

azuis
convexos retos
espelhos legendados:
hotel missoni
um volpi na curva parietal
uma igreja bitorreada e
degraus

sombras no amarelo esponjado
(ou é grama
germinando sob?)

bandeira
(sem brisa que a balance)
do bra-
sil: pátria
emurada
desmesurando
seu brasonário:
jalne safira anel
alvitraçado
sépia

monstruosa dentadura
canibal
emergindo de uma luz
lodosa

óculos
debruçados
sobre o lixo das letras:
haub lorenz vídeo pa

alegorese mural da pólis

epifanias de um colecionador
de transes (em
trânsito)

os cem olhos ur-
banos de
argos —
um
arqueonauta
fotâmbulo

néstor perlongher *par*
droit de conquête cidadão
honorário desta (por
tanta gente) desamada mal-
-amada enxovalhada grafitatuada ne-
-crosada cida (malamaríssima) de
de são paulo de pira-
-tininga — aliás paulicéia des-
-vairada de mário (sorridente-de-
-óculos-e-dentes mas homo-
-recluso em seu ambíguo sexo re-
-calcado — seqüestrado-&-ci-
-liciante) de andrade (cantor
humor dor — das latrinas
subúrricas do anhan-
-gabaú) ou ainda paraíso endiabrado do
abaeté caraíba taumaturgo (o pés-
-velozes) anchieta canário te-
-nerifenho de severa roupeta entre cem
mil virgens-cunhãs bronzi- (louvando a *virgo* em latim)
-nuas aliás o
fundador

néstor
portenhopaulistanotietêpi-
-nheirosplatinoargentino-
-barroso deleitando-se
amantíssimo
neste deleitoso boosco bor-
-roso de delitos (detritos):
livre libérrimo libertinário enfim –
farejadopenetrado pelo olho
azul do tigre eroto-
-fágico do delírio
perlongado pelo passo de
dança dionisíaco da panteravulvonegro-
-dentada – *vagina voratrix cannibalis* – trans-
-sexuada trans-(espermando goles
de cerveja cor.-urina)-vestida
de mariposa gay –

néstor
que nunca de nemnúncares
conseguiu arredondar no palato um es-
-correito português normativo-purista-
-puritano mas
que a amava (a são paulo) que a man-
-ducava (a são paulo) que a titilava

(a são paulo) com seu mesclo portu-
-nhol milongueiro de língua e céu-da-
-boca
que a lambia cariciosamente até as mais
internas entranhas (a esta santipau-
-lista megalópolis bestafera) com esse
seu (dele néstor) cunilingüineopor-
-tunhol lubrificante até levá-la (a paulistérica) a um
paro(sísmico)xismo de orgasmo transtelar –

néstor – um
"cómico (um outro néstor poderia – sánchez – tê-lo
dito) – de la lengua" – antes tragi-
-cômico (digo eu) da – néstor – légua
que se queria negro
nigrificado nigérrimo
negríssimo – "pretidão de amor" (camões) –
desde a sua (dele) exilada margem
de sua trans(a)gressiva marginália extrema
à contrafé à contramá-fé (fezes!) do imundo
mundo do poder branco(ocíduo) branco-
-cêntrico

néstor

em câmara escura

em *camerino oscuro* posto

neste seu (dele) lugar ab–

–soluto *absolu lieu*

de onde

– crisóstomo da língua bocad'–

–ouro ânusáureo –

proferia as mais nefandas

inefáveis inenarráveis

– *horresco referens!* –

palavras de desordem como se um

caduceu amotinado estivesse regendo um

bando ululante de mênades

carnívoras –

néstor

violador d'amor

puntilhoso da madre–

–língua hispano–

–porto–ibericaña

(agora jo–

–casta incestuada por um

filial *trobar-clus* de menestrel portunhol

que um súbito *coup-de-foûtre* ensandecera

ejaculando a madrelíngua – em transe dâimio–es–

–tático de amor-descortês) –

néstor
estuprador da noivamãe desnudada por seus
(dela) célibes às
barbas enciumadas
cioso–zeladoras do padre
ibérico do pai–de–família
do padr–
–asto putat–
–ivo assim ur–
–ranizado mas
a ponto de – o tesão de laio por
édipo (este o desenigma da esfíngica
origem/vertigem) – esporrar o *aphrós*
espúmeo–espérmeo de sua (dele pai) grande
glande de–
–capitada (a patrofálica teo–
–dicéia a por–
–néia) de onde vênus–afrodite exsurge
botticéllica num *décor* róseo–concha ca–
–beleira escarlate derramando-se espádua–
–abaixo mão (im) pu–
–dica escondendo do olho cúpido dos tritões em sobressalto a
xoxota depilada um risco de ter – esporra o *aphrós*! – cio–
–pelo ruivo no
marfim do púbis: miss
kípris ginetera – ela ou ele? –
túmidos seios siliconados

olhar citrino
mudando de sexo como um
como uma
camaleão camaleoa no
calor-d'amor

néstor está
indo agora
se vai
procedente de avellaneda 1949
lumpen azul (êxul) nomadejante
neste ano da (des) graça de 1992 vai-se
seguido por uns poucos amigos
e por um casmurro bando de
farricocos–monossábios canturreantes
que engrolam uma nênia
glossalálica em dialeto de anjos (maus)

vai
está indo agora
néstor
não para a consolação mármoro–esplêndida
não para o decoroso *recoletos*
mas para este modesto campo–santo

de "vila alpina" para onde o derrisório
cortejo brancaleônico o acompanha –

vai
faz–que–vai
vai indo
enquanto uma chuvinha fina
– a (minha) garoa (garúa) paulistana dos
(meus) adolescentes anos quarenta
há muito sugada pela ventosa
urbanotempoluta
desta minha (e dele)
des–tres–a–loucada vária pau-
-licéia nonsênsica e variopinta – tam-
-bém túrbida tigresa panespérmica – sob
essa *llovizna*–chuvisco chuverando que
vai atrás dele carpiadoidada
no seu macári'alv(ar)azevedo–castr'alvino
hibernal friul –
reencarnada agora das arcadas franciscanas
para vir atrás dele de
braços dados com madame lamorte
para chorá–lo para verminocomê–lo
para devorá–lo
sacrovorá–lo

ao néstor
tragicômico da guignolportunhólica linguaragem
bardo barrogozoso
cidadão
(*horroris causa*)
desta chuverante
paulgotejante
paulicéia dos siamesmos
oswaldmário cainabélicos
nossos (também dele néstor
girôndicolivériolezâmioliminário)
desirmanos germinais

4.4.2001
são paulo de piratininga
pindorama terra papagalorum
brasil

para sacilotto/operário da luz

o quadrado áureo
de sacilotto –
concreção seis mil
trezentos e cinqüenta e um
mil novecentos e cinqüenta
e três –
latão tridimensional polido
sabiamente
pelo escultor-operário
de esquadrias metálicas –
deixa que se abram
à superfície
pequenas ventanas triangulares
em relevo
que vazam em fendas
escuras:
o deslumbre da luz aurificada
rebate-se nessas seteiras como em
buracos negros:
ao trânsito do expectador
tudo vibra
tudo entrevibra numa
(pré-op)
cinese dourada

ENTRE

iole de freitas

asas invasoras assaltam o museu
asas com tentáculos de arame cobre latão
asas que se transformam em velários
em chapas de escarlate
em redes para invisíveis borboletas
e avançam
seus tegumentos perfuram paredes
dardejam pontas iridescentes
atravessam janelas
farfalham ao redor da
fiação elétrica penduram-se
como cipós-ectoplasmas dos
postes de luz:
iole passou por aqui
com seu séquito de
retículas platinadas
e imprimiu em tudo
seu toque talismânico

musa militante

ENTRE

os portais do terceiro milênio
(do vestíbulo
do)
rodam sobre seus rodízios de três zeros
acoplados em cauda de cometa
a um dois redondo
rodam os signos do zodíaco
atiçando a cósmica
esfagulhante
tocha augural

o princípio-esperança
pilastra esquerda do portal
e a moira-desespero
pilastra à direita
sustentam ambos
(discordante concórdia)
os portões que rangem
sobre os três
zeros esféricos
onde o sûnya o
vazio búdico
esbranca

como olho de águia
absorto em redondos
plenissóis:
o olho e o astro
se contrespelham

um dois brônzeo
dupla garra de gonzos
articula os portais
enquanto os rodízios cantam
a música plangente dos batentes
que se entreabrem
no engaste dobradiço
dos quícios bronzefúlgidos

o anjo-esperança
e a gárgula-desespero
se confrontam
no aprazado convergir do
calendário
ao longo do estelário
do futuro que se entre-
mostra vaziopleno de latentes
acasos
o anjo e a gárgula se defrontam

do mais fundo
dos séculos a voz do sábio melancólico
soa ainda
ressoa
ainda
como antes
no entrecéu do porvir
que sibila seu enigma:
a voz velha do sabedor-
-das-coisas repete
seu refrão que o trânsito
das centúrias só fez
confirmar como caixa-
-de-ecos:

"e eu me voltei
eu § e vi §
toda a opressão §§
que é feita § sob o
sol §§§
e eis o choro dos oprimidos §
e não há para eles § conforto §§
e da mão que os oprime §
força §§
e não há para eles §
conforto"

o anjo–esperança recua
em sua armadura de diamante
a gárgula–desespero jubila
no seu gótico esqueleto de pedra
: "aquilo que já foi §
é aquilo que será §§
e aquilo que foi feito §§
aquilo §
se fará §§§
e não há nada novo §
sob o sol" –
prossegue o–que–sabe
por entre as névoas
do nada

o arcanjo–esperança
tomado de sagrado
furor
flameja sua espada
multicentelhante
e rasga um claro
no ob–
nubilado
horizonte onde
se engendra o
futuro

a gárgula guincha
no seu nicho de pedra –
na lâmina
coruscante do gládio lê-se
cravejado em estrelas:
"a esperança existe
por causa dos desesperados" –

NOTA: 1. O "sábio melancólico" é o autor anônimo do *Eclesiastes (Qohélet*, em hebraico). Cito um excerto de minha recriação do Cap. IV desse "poema sapiencial" bíblico (cf. *Qohélet / O-Que-Sabe / Eclesiastes*, Perspectiva, São Paulo, 1990). 2. Adaptei à conclusão de meu poema uma formulação extraída do ensaio de Walter Benjamin sobre *As Afinidades Eletivas*, de Goethe, datado de 1925. W. Benjamin, *Gesammelte Schriften*, vol. I, Suhrkamp, Frankfurt, 1974.

ENTRE

1.
a musa não se medusa:
contra o caos
faz música

2.
por trás do massacre tele-
-comandado as
múltiplas mãos –
tentáculos de óctopus –
que manipulam
na (anônima) sociedade global
a guerra global
onde o agressor (uma im-
pessoa) é um general invisível
um espectral lança-foguetes um
– incaptável pelo olho dos radares –
morcego mortífero de translúcidas asas vítreas: mas
enquanto as bombas ribombam
guitarristas de rock (em bel-
grado) contracantam com voz metalizada de
cólera e

frenéticodançam: coral vociferante de
anjos rebelionários
opondo às tramas otânicas
à (pseudo) ética maquiavel-mefisto-
félica do poder-do-mais-forte
– sempre-seguro de seus (sub-
limes) motivos plus-que-humanitários (*sic*) embora in-
seguro até mesmo quanto ao cálculo da precisão ba(h!)-
lística do punitório tiro-ao-alvo que está
praticando às escuras – cantodançam os
anjos-guitarristas opondo
ao embuste caviloso dos senhores-da-guerra
o delírio báquico da (hegel)
verdade

3.
depois dos bombardeios de
bagdá (saddham louqüiloqüente
saiu ileso)
depois do videogame de
fúlguros relâmpagos
esverdeados
riscando a tela atônita de
(quantos?) milhões de aparelhos de tv –
não apenas ruíram (depois)

os ominosos objetivos estra-
tégicos (outras bombas choveriam) mas:
velhas (depois dos bombardeios de
beirut) velhas se debruçam sobre cadáveres
civis – carpideiras engelhadas
do desastre – ao passo que meninas
ressurrectas (incólumes por
milagre) tentam (de novo tentam)
brincar-de-roda e
– equilibrando sua carga diuturna
sobre a cabeça desolada –
a vida continua

4.
um pastor
de ovelhas –
vigiado por gigantes
libélulas-helicópteros de
regirante aço ígneo –
faz soar
sereno
– rústica –
sua
flauta

5.

os tocadores de música
do holocausto
cordas (violinos rabecas) e
metais (trumpetes trompas
trombones)
executam
a marcha fúnebre de auschwitz
esperando que os chuveiros-solfataras
esguichem o gás-grisu (aliás *ziklon*)
da morte (des)figurada (como se)
por dürer e/ou bosch:
estrega que mastiga estrelas-de-david
e expele um bafo químico de veneno
pluvioso

6.

os bombardeios se repetem (mundo
imundo) bagdá de novo kósovo
tchetchênia agora (ieltsin
abençoa putin):
she-hem behemá hêmma lahém
não são mais que animais
ademais
não mais

7.
escoltado por
exterminadores armados
de gás-letal
o olhar azul-firme de olga
benario
adentra o gasômetro
subterrâneo
(aliás mefítico
balneário) do dr.
porco-selvagem (*eberl*)
irmfried (grandepaz)
em bernburg
cerca de cem quilômetros a
sudoeste de berlim
(fevereiro de mil
novecentos e quarenta e
dois)
com outras (duzentas ao
todo) mulheres judias (sub-
versivas segundo os sinistros
padrões de himmler):

quando o caminhão-fúnebre (dez dias
depois) voltou à ponte-do-corvo
(*rabensbrück / frauen-konzentrations-
lager*) só restavam

por testemunha as
– espólio mortiço – roupas das
mulheres

8.
tanques–tratores *kíev*
(– de hitler – a cabeça esculpida
cabiscaída –
kaputt!)
– trituram
capacetes reversos
truncam baionetas: – uma
única
erecta
disjecta
resta
inútil

9.
nessa
de todos nós
latino–amarga
américa

– no chile
na argentina
no uruguai
– o condor tatala enormes
asas lutulentas –
(aqui também
na terra em transe
do brasil)
torturadores de tacão
marcial e dentes-
-de-sabre
deixam seu rastro:
sanguinolenta floração de
coágulos vermelhos

10.
onde o des-homem des-
-humano uma vez
impou
(que nunca mais engendre essa espécie
lupina carniceira-de-gente um
ventre de mulher!)
– onde houve ranger de dentes e
pranto –

agora a mão que pinta e o som do canto
do homem-humano
do *humanitas*-homem resgatado
prevaleçam – não
por desmemória e sim
mêmores
alerta-atentos
ao lúcido
memento mortuorum
à memória dos não-
-remissíveis crimes
da hiena-des-homem e de sua
hílare mandíbula amarela
famélica de restos cadaverosos: não
nunca
desmemoriados mas
vigilantes (de
cívica memorial vigília)
para que o mal já sido –
veiom ra'á reê
no dia adverso
adverte –
não venha a ser de novo (turvo retorno)
sob o sol-holofote
dos inquisidores

II.

da mão que pinta

da garganta que canta

— onde foram cárceres

nasça o espaço

comunal da paz

compartilhada —

da arte: gesto (pintura) ou (poema) fala:

que se comparte

ENTRE

apocalypse now

the horror...

o megacowboy vestindo uma armadura
de carapaças de *armadillo* à
prova de tiro
divide o mundo em adeptos do
mal e cruzados do bem
(em sua caixa craniana
um vozerio de apostas ruge
em torno de uma briga de cascavéis)
o macrovaqueiro do bem
revestindo uma couraça de raios lazer
à prova de bazukas
não ouve o clamor dos pais da pátria
("o jovem povo de vanguarda", sousândrade)
ignora a biblioteca de jefferson
nas estantes lavradas de monticello: jefferson ele
próprio fora o arquiteto de sua mansão
enquanto se correspondia com humboldt e outros
notáveis da época – uma época
(dizem) em que se chegou a pensar em adotar o
grego clássico

(em vez do inglês) como idioma da nova república:
– que antecipou a revolução francesa
– que inspirou os libertadores da hispano-américa
e os inconfidentes de minas

o megamacrosuperherói do bem
não está interessado em ouvir mais nada
nem repara quando martin luther king
apresenta afro-condolências a uma afro-
-americana condoleezza verde-hirta
ferrúgeo-parda como a estátua da liberdade (vista
de perto)

o senador byrd
robert byrd
da virgínia do norte
um filho de mineiros de carvão
em seu terceiro mandato
(um membro do "establishment" porém
decente
fiel à memória dos patriarcas)
discursa
alertando o senado:
por três vezes apela aos pró-homens
da república

por três vezes o senado cala
(nem uma linha na grande imprensa americana
sobre o discurso do byrd)

o supermacromegacowboy vestido de "mariner"
chegou ao limite
seus olhos azuis são um frio risco de aço:
basta de onus onerosas e inoperosas!
basta de franceses amolecidos e decadentes
e de alemães desleais!
(vênias dadas ao trêfego blair e aos dois
porta-vozes da eurodireita: o asinino aznar
ostentando as medalhas do generalíssimo e o
mafioso berlusconi com bufos esgares de mussolini)

azuis os dois olhos são agora um único risco de aço

o dedo no comando
está prestes a apertar o botão

o ar tem um ataque cardíaco

a primeira bomba
como um ovo de assombro
tomba

(ali onde foi o zigurat
de babel ali onde
a rainha semíramis
passava tardes amenas
e odorantes
em seus jardins suspensos)

circum-lóquio (*pur troppo non allegro*) sobre o neoliberalismo terceiro-mundista

laissez faire laissez passer

1.

o neoliberal
neolibera:
de tanto neoliberar
o neoliberal
neolibera-se de neoliberar
tudo aquilo que não seja neo (leo)
libérrimo:
o livre quinhão do leão
neolibera a corvéia da ovelha

2.

o neoliberal
neodelibera
o que neoliberar
para os não-neoliberados:
o labéu?
o libelo?
a libré do lacaio?
a argola do galé?
o ventre-livre?
a morte-livre?

a bóia rala?

o prato raso?

a comunhão do atraso?

a ex-comunhão dos não ex-clusos?

o amanhã sem fé?

o café requentado?

a queda em parafuso?

o pé de chinelo?

o pé no chão?

o bicho de pé?

a ração da ralé?

3.
no céu neon
do neoliberal
anjos-yuppies
bochechas cor-de-bife
privatizam
a rosácea do paraíso
de dante
enquanto lancham
fast-food
e super
(visionários) visam
com olho magnânimo

as bandas
(flutuantes)
do câmbio:
enquanto o não
-neoliberado
come pão
com salame
(quando come)
ele dorme
sonhando
com torneiras de ouro
e a hidrobanheira cor
de âmbar
de sua neo-
mansão em miami

4.
o centro e a direita
(des)conversam
sobre o social
(questão de polícia):
o desemprego é um mal
conjuntural
(conjetural)

pois no céu da estatís-
tica o futuro
se decide pela lei
dos grandes números

5.
o neoliberal
sonha um mundo higiênico:
um ecúmeno de ecônomos
de economistas e atuários
de jogadores na bolsa
de gerentes
de supermercado
de capitães de indústria
e latifundiários
de banqueiros –
banquiplenos ou
banquirrotos
(que importa?
desde que circule
auto-regulante
o necessário
plusvalioso
numerário)
um mundo executivo

de mega-empresários
duros e puros
mós sem dó
mais atentos ao lucro
que ao salário
solitários (no câncer)
antes que solidários:
um mundo onde deus
não jogue dados
e onde tudo dure para sempre
e sempremente nada mude
um confortável
estável
confiável
mundo contábil

6.
(a
contramundo o
mundo-não
– mundo cão –
dos deserdados:
o anti-higiênico
gueto dos
sem-saída

dos excluídos pelo
deus-sistema
cana esmagada
pela moenda
pela roda dentada
dos enjeitados:
um mundo-pêsames
de pequenos
cidadãos-menos
de gente-gado
de civis
subservis
de povo-ônus
que não tem lugar marcado
no campo do possível
da economia de mercado
(onde mercúrio serve ao deus mamonas)

7.
o neoliberal
sonha um admirável
mundo fixo
de argentários e multinacionais
terratenentes terrapotentes coronéis políticos
milenaristas (cooptados) do perpétuo
status quo:

um mundo *privé*
palácio de cristal
à prova de balas:
bunker blau
durando para sempre – festa estática
(ainda que se sustente sobre fictas
palafitas
e estas sobre uma lata
de lixo)

ENTRE

MILÊNIOS   *senatus populusque*   87
          brasiliensis

I.

chove
lama sobre o
plano–piloto de
brasília
(d.f.) – ali onde o pé-
-de-valsa juscelino (o fundador)
kubitschek (um liberal–não-
-neo mas um capaz
de extro–verter–se para o
povo (o "social") tranqüilo
adepto da arte convivial da tolerância:
capaz de discernir – seta no alvo –
o gênio singular de niemeyer
(oscar)
comunista assumido e coerente

oscar (niemeyer)
: um arquiteto de visão construtivista
(desde pampulha) mas capaz de
curva: do curvo/ das espiras/ do sinuoso – do barroco
balanceio de sintagmas: vide o anfiteatro de congonhas –
aéreo porto de lisa pedra–sabão onde se encena

um conversê gesticulante de profetas
a contrazul
ou a redond'alvíssima capela oval do ó
em sabará pousada: uma ave-fênix
em ouros e vermelhos de macau? uma
(talvez) pomba-gira num rodopio de cambraias e de saias
limpas ensimesmada à roda regirando
de si mesma (a columba)
nascendo desnascendo desmorrendo (a fênix):
juscelino (o fundador) também capaz
de ver na mente lúcida de lúcio
costa o engendrar de diagramas quase-
-ícones de épuras depuradas riscos retas
a ponta de rubi traçados por lápis-raios-laser
em ritmo gracílimo de pássaro-mondrian
no desnovelo a pino de seu vôo
exato

2.
j.k. o presidente aéreo   *chair-man* das opções
impossíveis (brasília o testemunha)
que seu *ferm voler* (sua vontade firme)
convertia em súbitas "utopias concretas" (ernst
bloch midrashista-
-marxista com seus "enigmas rubros"

turbinados a "princípio-esperança") –
"vai voando nonô" – saudava-o a *vox populi*
deslumbrada pelo jamais-capitulante
taumaturgo da práxis
o magnânimo estadista sem rancor
capaz de dar indulto aos brucutus-pterodáctilos
do motim de aragarças que jamais
por sua vez o indultariam
o juscelino cujo avô tinha sido nas arcadas
poeta bissexto (festejado pelos estudantes)
o plantador de cidades *poliphytoteuctés* que decidiu
dar corpo (aço vidro concreto) ao sonho
visionário de dom bosco

3.
chove na capital federal
do planalto
na cartesiano-burocrático-
-espermático-neobarroca cidade zenital do altiplano
urbe radiosa no trópico entrópico
(max bense a viu assim   ciceroneado
num *tour* exploratório pelo poeta-engenheiro
joão cabral e escreveu –
sem soberbias tedescas – *brasilianisches*
intelligenz)

a chuva miúda babuja engorda em bátegas
liquosas gotas gomas grumos
escória dos esgotos
despeja o vazadouro das entranhas
sobre os lunares palácios disco-formes
entre os quais um espigão de prata alteia-se
pescoço de girafa-rasga-céus

chove
jorra
borbota
esternuta
esturra
a catadupa espalha-muco ventejando
lama verdoenga ("de par *ma chandelle* verte
merdre" – gargalha o pai ubu
aliviando-se) escorre molemente a
pasta marrom–jerimum–amarelo-
-fezes amarânteo-diarréica em fluxo
fétido

sobre a cidade sobre a urbe
sobre o *senatus brasiliensis*
sobre os edifícios transgaláticos de
niemeyer e o risco de lúcio
sobre as cosmonaves de concreto

onde instalou-se um parlatório
um (parlamento) vanguardista
a tempesta espadana desatada
enxarca as levitantes estruturas
entra-lhes pelos ductos e tubos
subterrâneos onde os legi-
ferantes – austeros probíviros (em
princípio) – circulam transitando ao longo
do labirinto formicular
das tramas sussurradas dos gabinetes conchegantes
à pleniluz do plenário

4.
lama procelosa chove
sobre a capital
federal
uma túmida tromba linfática
inchada qual "roxa sanguessuga"
(o olho meteorológico no olho
do tufão   camões   poeta-marinheiro
a pinta com precisão científica –
leitor dos *lusíadas* – entre sábio e poeta – humboldt
barão alexander von
– aquele que uma vez quis medir
a gradação do azul nas alturas andinas –
o atesta)

qual bicho chupador alimentado
"do cargo grande em si tomado"
no colossal estercorário de mangues e maremas
qual formidável paludosa cobra
enroscada nas nuvens
jiboiando

5.
quando os custódios
não custodiam
quando os pais-da-pátria
conspiram na socapa dos apátridas
quando o painel eletrônico
– estelário cívico –
é uma vestal estuprada pela espada
do guardião que a vela
e se retorce e amolece
feito o relógio viscoso de dalí

quando o réu desconfessa para
confessar de novo   crocodilágrimo
quando o critério de verdade
é o da meia-verdade
e o incriminado ao bel-prazer se des-crimina
então a *voz do povo* fala

o coro dos indignados se
subleva: no plenário um telão fosforescente
exibe um desconjunto videograma de espectros:

6.
tiradentes esquartejado (vide o quadro
escorre-sangue de pedro américo –
onde a paixão do alferes é re-encenada
em efígie como um *corpus christi*)   a cabeça
enfiada numa estaca (para escarmento!)
a terra infértil a poder de sal grosso ressecada
– o inconfidente revel justiçado pelo juiz reinol (in)justiçador
faz soar com a corda de enforcado um sino fúnebre
e dá o alarme
portando às mãos cadaverosas
lanternas cor de carne vivo-morta

frei caneca – joaquim do amor divino – armado
de obstinação e de retórica – *typhis*
/ estupor / pernambucano
a folha onde esgrimia sua linguagem
tensa de revoltas figuras –
vendo ruir outra vez a "confederação do equador"
re-enfrenta desbatinado (camisa e calças de ganga
amarela) o pelotão que o fuzila

não faz muito escrevera
uma "dissertação sobre o que se deve entender por
pátria"

zumbi
encurralado em seu reduto de palmares
acuava-o o maioral-do-mato
domingos jorge velho
aliás mercenário caça-bugres
(para outros gigante bandeirante "rompe-brenhas")
que comanda em nheengatu / mal e mal
manejava o português / suas tropas de índios apresados
zumbi sobrinho de *ganga zumba* rei nagô
vendo estalar a palissada
prepara-se para repetir
o salto-em-precipício
indômito domando no azardado tempo
a azagaia-morte

e mais próximos de nós   nossos próximos
os mortos de eldorado-dos-carajás
macilentos que nem muíscas
adoradores de bochica o deus-sol
em cortejo feito zômbies para o além-do-
-sacrifício
vogando na jangada toda-ouro

à tona azul-aziaga da lagoa sacra
assombrados pelo príncipe do mal fomagatá
preda-homens de unhas escorpiônicas
e se preparam para repetir o rito carniceiro
erguendo nas mãos mais uma vez
corações-girassóis arrancados ao tórax aberto
sangrados a gume de obsidiana e
entregues ao acaso do deus

7.
quando esse coro de fantasmas
estrangulados   descala
finalmente   e fala enfim
mirando com o olho agoniado
o arcanjo arquejante da reforma
agrária
arrastado para trás por pretorianos de mãos sujas
mandados pela gula multissécula
do "pit-bull" latifúndio (enquanto ladra
o cérbero tricéfalo e *geryon* jubila
– a quem dante pound ernesto
cardenal chamam
usura

explode
xaroposo jorro:
lama verde–maconha
(e abaixo brasília gondolando)
mas estoura
esbraseia
causticante
a *voz do povo*
(enquanto se insinua um escarninho
refrão que des–consola)

: *petrus sapientissimus imperator* plus–que–cinqüentenário

endireitando seu mantel de plumas
de tucano real / deixa-se cercar por
pimpbrokers e stockjobbers responde-lhes
as questões em sete línguas vivas
e cinco mortas // sousândrade
num dos círculos do *inferno de wall street*
arrenega do ogro fmi-mamonas
vocifera: – "fraude é o clamor da nação!" // capistrano
de abreu (o elocutor do refrão que des-
consola) deixando de lado a sua
gramática da língua rã-txa hu-ni-ku-in
dos caxinauás
dita ao microfone da *vox-populi* seu:

ante-projeto da
constituição da república federativa
dos estados unidos do brazil

artigo (nem se tire nem se ponha)
primeiro & único:
"todo brasileiro é obrigado a ter vergonha"

ENTRE

o contra-senso de washington

os portenhos sob as patas do cavallo
os brasileiros nas "mãos limpas" dos tucanos
os "states" no jecanato do bush
o fmi metendo a mão na burra
o jader bandalhando no *senatus*
incitatus relinchando na curul
assim vive sob a "*pax* amerdicana"
o consulado infeliz do merco-sul
capital do brasil é buenos aires
são paulo é na bolívia ou no peru?

circum-
stâncias

ENTRE

a morte vestida de verde-jade

a   morte

a   morte   vestida

a   morte   vestida   de   verde-jade

¡ay!   ¡mi   hijito!

a   morte

perucas em fogo

ruivo-incendiadas

roxo-combustas

verdes

vários tons de verde

as árvores as

copas das

explodem do

chão belas

cabeças de cogumelos

umbelas esfogueando

caprichosamente desgrenhadas pelo

pente exímio de um

coiffeur de dames

esta dríade
colou seus pêlos
púbicos na
fachada estilo new-
-england daquele
cottage
e os lúbricos
pentelhos vermelhos de
deusa drag-
-queen scapigliata
agarram-se na fachada
emasculada
sóbria — imáculo branco
puritano — feito uma
vulva den-
ticulada
aranha-rainha
piranha carangue-
jeira aliás
viúva-ruiva
levando o branco pu-
ro a uma pri-
ápica sú-
bita e-
reção de cal

havia um pick-up
vermelho-novinho
estacado na entrada ar-
borizada
peeping
mais
nada nin-
guém

jazz sincopando no
rádio da limusine preta
impecável motorista preto
vestido (impecável) de preto
a rodovia rolava lisa de
new haven para nova iorque
(aeroporto john kennedy)

sem febre
(ou quase) sem
calafrios
sem aquela solta
via urinária de
mijo uma garr-
afa plástica de mineral water

pescoço cortado for-
rado de esparadrapo e papel
higiênico servindo de pe-
nico portátil
a cada meia
hora rançosa
de suor e u-
réia com-
pulsiva

voltar
sol frio nas narinas
aroma frio de sol nas
narinas
enquanto as ninfas
puritanas nin-
fômanas bacantes
desrepresas chu-
pavam as
paredes machas de
repente tesas ar-
-rancadas de seu pio
torpor emasculado

os olhos engoliam o carretel
acelerado da paisagem
com um gozo de boca
desentubada e
paz
paz
paz

na boca
do estômago
nas mãos picadas
de agulha
nos braços-
equimoses

paz
na língua amar-
gosa na garganta nas
cavidades
nos baixos
nas tripas
nas dobras
no ânus no
cós

paz: salto
(ex) mortal práfora
desse bad-trip em
útero u.t.i.
paz gostosa
bunda mansa
quente elástica
estourando do bi-
quininho dourado da
paz
deitada na
areia e te
servindo de ensolarado
coxim   ah!
bundibela
paz!

longe longe
correndo prá longe
do túnel verde mijo da u.
t.
i.
olhos engolindo in(land)scapes pelo
vidro da li-
musine (intrapaisagens)
carretilha fluente de cartões
postais

a   morte
a   morte   vestida
a   morte   vestida   de   verde-mijo
já se
fora já
estava longe
voara no seu robe de cloro
para outro
lugar feito uma
idéia fora do
seu   práfora
do seu
lugar
– merde
alors! –
atroz

agora subia o
calor
o a-
petite come-
çava a ronronar
o pulmão bebia
o pneuma por todos os
(ar!) poros:

ela:
(não a tessaliana não

a quérea a moura-verde-
-cloro) **ela**: a sua
beleza amantíssima
o seu toque de graça
plena o seu
rosto de radioso mar-
more vertido em calor
aveludado (veneza
faísca na memória!) as
suas mãos de longunhas
achinesadas
tão (mãos) longas tão
(mãos) macias (tanto
tanto tempo) a sua
testa curvi-
línea domo
de seda
o seu nariz de
finíssima talha
os olhos ah! os olhos
jóias misteriosas
(tanto tempo e o
passado não passa
o passado não pas-
só o presente per-
vivente este presente-

MILÊNIOS

-aquiagora maçã
redonda plena
o lastro-ouro das
laranjas quando)
ela está
assim
sentada
(a limusine quase
chegando) e seu
corpo destapa um
frasco de perfume: **ela**
(sua capitosa presença)
ao meu lado

.

A morte vestida de verde-jade: expressão colhida no linguajar de uma *señorona* cuba-
na exilada em Miami (cf. Roberto González Echeverría, *La Ruta de Severo
Sarduy*, 1967).

Tessaliana: erikhtho, eritone, ericto, a bruxa dos cemitérios, devoradora e ressusci-
tadora de cadáveres (cf. Lucano, *Pharsalia,* vi).

Quérea: do gr., viúva, a que priva da luz do sol.

Moura: deusa grega da morte; moura-torta, entidade malfazeja do folclore por-
tuguês.

ENTRE

MILÊNIOS   enigma

a rainha nefertiti
lábios de desenho perfeito
perfeita a linha do nariz
cútis bronzeada pelos raios
ultra-violeta de aton-ra o sol
 jubilante do egito
uma elegante tiara trapezóide
azul-grafite
encimando-lhe a testa
sobre uma faixa de ouro
(e deixando-se ainda listar
por uma outra banda áurea
com engastes de vermelho e safira
e o símbolo – dourado sempre –
do poder real: o cetro
verticalmente inscrito
de alça dupla)

seu
pescoço delgado de modelo de dior
orna-o tripla fileira de colares de cor
as sobrancelhas e pálpebras
delineadas com meticuloso
traço rímel-negro
por hábil mão maquiladora

e nos olha
a rainha nos olha
(que a olhamos)
impassível:
quase–sorriso na carnação
túmida dos lábios
fixa–nos a pupila
castanho–verde
do olho esquerdo

o direito
o tempo milenar cegou-o:
esbranca-se no gesso
fitando em alvo o nada
de dentro da moldura
oval–amêndoa
do rímel

seu enigma está aí –
nesse branco esgazeado
que turba há (quantos?)
séculos o semblante
irretocável da rainha

haroldo de campos
berlim 14 out. 1998

MILÊNIOS   *explicatio vitae*   115

forma
"fogo i-
manente
verdade íg-
nea da
matéria"
(avicena) "minha
propriedade é a
forma: ela
é minha in-
dividualidade
espiritual"
(marx
le jeune)
"viver é
defender uma
forma"
(hoelderlin *il*
signore scardanelli
soando o piano sem cordas
via webern
via augusto)
"melhor ser for-

malista
do que for-
molista" (voz-
niessiênski andrei)
"o social é a
forma" (lu-
kács retrato de um quando
jovem: *a alma e
as formas*)
tudo isso
para dizer que
a vida – esta
sublevação
de enzimas meta-
estáveis sus-
(ten)tação pro-
visória do
acaso
le hasard (mal-
larmé) *tý-
khe* (carlos sanders
peirce) este en-
clave de cosmos (ordem)
– efêmero ainda
que – no
caos na

semprecrescente
mortentropia
milagre! (bandeira)
ou filáucia: rasgo
do
mediurno termo-
dinâmico demônio de
maxwell –
é
(*ahimè*
hélas ai
de mim/nós)
formalista:
cristal famélico
de forma
(fa-
lei)

ENTRE

il cuore: interlóquio milanês

1.
à
consorte-cirurgiã
do cirurgião que estuda
(anatomiza) o
coração das baleias (um raro
hobby lombardo)
pergunto: de que cor
é o formidável
balênico
(balordo?)
músculo cardial do
piramídeo monstro?
        (montanhosa mole
        de carne congelada
        que a alfândega libera
        – estupefacta!
        procedente do mais
        interno fundo dos profundos
        arcanos equóreos da noruega)

2.

responde-me: vermelho-

-escuro tendendo para o roxo

colore nero viola

iodo vinho

tinto arrolhado em

frasco fosco

       (estamos em milão:

       chove sobre o *chiostro* verde-

       grama

       deste *palazzo degli ucelli*

       via capuccio

       número (talvez)

       dezoito (*sulla destra*) onde

       se comemora o aniversário (*compleanno*)

       refinadíssimo do

       padrone della casa

       um *party* ao ar aberto

       luz seral

       no *chiostro* retangular

       música em surdina

       convivas *chiacchierando*

       com toques pervasivos

       de fellini)

3.

sim – reitera a
cirurgiã-assistente
(cônjuge) toda *charme*
e ciência:
roxo *foncé*
– não vermelho vivo
escarlate berrante mas
de um tinto carregado
profundo-escuro-sanguinosa
massa muscular agora
rígida que um dia palpitou sub-
oceânica ou
já emersa do vórtice quando
gigântea rege
o hídrico fluxo do
esguicho d'água
alto arremessando-o contra o céu –
plúmbeo-translúcida
cúpula chuvosa do homéreo mar salino –
quando (mamífero prodígio)
a arrogante bucaneira capitânea
se ejeta do centro aquoso
e já respira

4.
roxo-profundo o coração?
(eu aparteando) — pode ser —
do cachalote energumênico ou
o miocárdio (*chi lo sà*) da
orca feroz que exsurta
pavoneia o seu gáudio turbinoso
— admito:

5.
concordo até
mesmo (*ex corde*) — mas
o de moby dick
o da baleia branca que navega
— dogaresa
sereníssima —
na paz pelaginosa de seus glaucos
domínios
o coração cetáceo da abadessa
do mar-alto   este

só pode ser azul
puro azul pulsante
safira compulsa e celestina
azur

azurro

blau

sky blue

batendo – desdenhoso

do arpão colérico de ahab –

até remergulhando rebater

contra a líquida pretidão onde

                        afinal se engolfa

ENTRE

MILÊNIOS   milano revisitado: 2001

um velho
(mais uma vez) agora um velho que
não se reconhece no espelho biselado do
hotel onde um mouro-tocheiro negro —
ouro está de guarda
um velho (que não se reconhece)
exsurto agora, por um átimo do
mar' dell'essere e remirando a si
próprio esse estranho geronte
com a barba feito um regalo
de velo prateado — diante agora
(mais uma vez) da *galleria zucca*
em milão *piazza duomo* mirando
o marmorar do mármore liso
passarela por onde (verão) passam
ninfas urbanas de umbigo à mostra
e riso despachado à *la madonna* (não *quella
in vito*) em liso mármore porfírio-rosa
pousadas ou de passo.
: antes em verona
sem ter podido rever a arena e os gradini
mas tendo ouvido ao menos
vivaldi o *prete rosso* ressoar em san zeno

e um som-fantasma do piano do jovem
mozart no teatro
filarmônico.
: eu – este *vecchio* recurso do mal
sedentário de leopardi (único
vício: livros) pensando em dante
e *cangrande della scala* (também
sem poder revê-los). agora
em corpo presente vice –
milano
como aos vinte e tantos anos
quando
a primeira vez –
o sol acendeu para mim
(o tempo faz um esforço de memória)
os topos áureos do *duomo*
(um dos quatro) – presidentes da
accademia mondiale dei poeti

pardès

jardim de aromas
ambrosíacos
irrigado de icor
nectarino quase-
-paraíso

vislumbrá-lo na
argilosa matéria
naturata no húmus
humano
disperso (à Novalis) em
fragmentos

ENTRE

são paulo

1.
feiúra (falam em)
para definir esta
cidade

fealdade
bruteza
de pedra
selvagem

não beleza pura
não belezura de
paisagem
(é o que falam)

gume de granito
de pedra
bruta
contra a natura
não formosura
de natureza

pura
no azul a pino
no pleno sol
ao mar que ondula

feiúme de solda
metálica e
betume
não deslumbre
de água-marinha
de afogueado topázio e
múrmura turmalina

2.
mas eu
paulista paulistano
confesso que amo
essa fereza e digo:
beleza impura
terrível de "bela-
-dama-sem-mercê"
perversa aspereza
de água-tofana e baudelaire
de corrosão e azedume
de couro cru e fecho-ecler

da qual (como de uma
mulher de coração minado)
tenho gana e ciúme

tigresa encarcerada
ou leoparda ou
leonesa
presa em jaula
esquálida
de armado esqueleto
fechado no armário
hermético
do concreto

3.
sob topos risca-céus
de elétricas antenas
agora
à luz de lua lampadófora
que pinga no olho furta-
cor dos semáforos de rua
e coa-se no neon noctâmbulo
entressonâmbula
sonhando com o
mirante sem miragem de um (fanado)

trianon trivializado
(no outro lado do paul
fantasmal de lêmures
sonados
além das pistas
da avenida paulista
num falso templo
de uma (talvez) diana
flechadora
dríades sem estâmina
anoréxicas
fazem dieta
de uma garoa
que não há)

4.
enquanto
de lugares absolutos
debaixo dos viadutos
transeuntes exsurtos das
cor de urina
vesperais latrinas
das sentinas dissolutas
caminham

5.
esta cidade
sem (é o que falam)
beleza de paisagem
com seus rios sem ninfas
que correm de costas para o mar não-mar
e naufragam num asfalto negro tinto

6.
esta cidade
esta dona pétrea
esta
de beleza ferina
executiva da saia cinza
me embebe até a medula
de uma dulceamara ternura
entre fera e bela
entre estrela e estela
esta
com sua graça petrina
multi-
vária multi-
tudinária
cidade
minha

que a vejo por um lado
de dentro por um
ângulo avesso
por um doce recesso
só visível a quem
percebe seu charme
de acerada pantera
à espreita no alarme
vermelho das
esquinas

7.
beleza (confesso) que me
enruste
beleza antiproust
sem
memória do passado
sem olhar parado sem
anamnese ou madeleine
im–passiva
des–mêmore
im–plosiva
no tenso (que
cultiva) dilema u–
tópico no paradoxo

absurdo de uma
(porventura)
memória do futuro

ENTRE

visão em veneza

1.

no horizonte
a *isola san michele*:
precinto todo em pedra e olaria
o *cupo* corte dos ciprestes a contracéu
vigiando

aqui o poeta (no
reparto dei protestanti
depois de ter indagado ao
portinaio: *dov'era*
la tomba) —

não muito longe
entre inscrições grecoloqüentes
(na seção ortodoxa) diaghiliev
jazendo
próximo aos
stravinski
igor e vera

        mas para chegar até
        aqui atravessar
        o *cortile* túmido de

flores: amarelas
vermelhas azul-
-claras ou violeta
soturno
passar por entre
um labirinto de
canteiros
e finalmente a
(chegar à) lápide
branca
feito um pedaço de
mármore poupado por gaudier-
-brzeska (o do gato flexuoso/
o do busto fálico: olho
clarividente capaz
de decifrar ideogramas não
sabendo uma palavra sequer de
chinês pound
dixit) – chegar
à lápide onde
(ao lado de olga rudge) o
miglior fabbro
repousa
algum ignoto poeta peregrino
teria deixado sobre o lavado branco
ístrio

onde letras sóbrias se recortam
esta oferenda de flores
sucinta

2.
tomar o *traghetto*
na praça roma
(número 1 em direção
alla salute)
percorrer o canal
ao longo das fachadas
que se alinham múltiplas e
únicas
voltadas para a água
tremulante
(minuciosas fachadas revestidas
de mármore de pedra rosa de cantaria
ferrugina — *stores*
azuis azul-marinho ou beige —
avivando-se em tijolo solferino
que o sol chapado chanfra
e lamina)

até chegar à basílica
flanqueada de estátuas

cinza-branquejando com
pontos de negrume e incisos
mais claros e

adentrar a grande
nave circular – o piso de mármore
vinho (ou
avinhando-se)
enquanto da cúpula
radiosa
chove luz

fazer o circuito
mirando e remirando o grande
vazio octogonal que se arredonda
e quase broche de ouro
o altar *della madonna* semi-
oculto à sombra
fecha ao fundo

sentar-se num dos bancos
do contorno perto do
grande portal de madeira
verdastra
revisar estas notas garatujadas
na contracapa do velho
guia astegani (ano sessenta e seis)

depois passar o *sottoportico*
seguir em direção ao museu
onde outrora peggy
guggenheim
mas evitá-lo prosseguindo
à esquerda
ao longo do canal interno
ôndulo–fluente

parar no retaurante *ai*
gondolieri dorsoduro san vio
e então
depois do *spaghetti* dourado e do
fegato ben cotto perguntar
ao *cameriere* pela
pensione cici

sair buscando toldos de sombra
rajados de luz escaldante –
umbela intermitente contra o sol posmeridiano –
para perder-se de novo entre
cales e becos

girar até chegar à abadia
onde se lê inscrito sobre o muro fronteiriço: *ottvrati.*
i. rivi dei saloni e.
dei catecumeni. fu aperta

questa via nel. MDCCCXLIII a.
spese civiche

sentado agora no recinto externo
do bar – aqui em *san gregorio*
próximo à *cale lancia rio terrà* e outra
vez informar-se sobre *san*
quirino

então extraviar-se a perlongar o *zattere*
junto ao canal azul-titubeante da
giudecca

orientar-se finalmente e
eis – na rua estreita vermelhando de
gerânios – a casa
do poeta

não muito longe de onde a
pensione cici – aliás *hotel alla*
salute – estende um quebra-sol verde-
-risonho e recolhe seu pequeno jardim semi-
-secreto (para o regalo privativo dos hóspedes) –
ali o poeta
fazia a refeição do meio-dia
(dizem)

MILÊNIOS 143

a casa é esta – sim! – e a
placa entalhada no muro cor ocre
em hiperbólico estilo chancelário
(*da sindaco*) perora:
                    in un mai spento
        (num amor nunca extinto) *amore*
        per venezia   EZRA POUND
                    por meio século habitou
                    per mezzo secoli (não é
                    exato segundo as minhas
                    contas) *abitò*
                    questa casa
                        TITANE DELLA POESIA

e agora voltar
retroceder em direção
alla salute – o ouro e a prata dos
pináculos e domos
esfavilando sob a lixa
solar cujo atrito
nunca cessa:

e o velho *ez* passeia
em direção *alla dogana*
– espectro saturnino ao *pommeriggio*
contra o blau imperioso da laguna deambulando

que em vazado murano o
recorta e vitrifica
— passeia de novo
a plena luz fantásmeo (o
poeta recomeça a passear) até
sumir
sumir no ar solferino
como quem se afogueasse de repente
todo-aceso
e esvaziado de si no torvelinho.

venezia: santa maria dei miracoli

im-
possível es-
crever um
poema so-
bre
ve-
ne-
za

um excesso de
beleza
espreme todas as
laranjas túmidas do
verão e
então dessangra
– explode! –
num vidro laborioso de murano

um excesso de
laguna – de
azul-céu-laguna –
trava a língua
e o canto
emudece antes
mesmo de
ser canto

um excesso de
veneza dói
como uma farpa
aguda de
sol
no olho a–
lumbrado

como no de
polifemo – único – o
dardo a pique (ar–
bóreo) do astuto
ulisses

mas é uma
dor gozosa
um êxtase bi–
zantino de
mosaicos rosa
e ouro

(o olho en–
ceguecido dói
de luz
e se a–
lucina)

rara

como uma
jóia num
escrínio de
jóias
santa maria dei
miracoli

(pound re-
viveu-a na
câmara es-
cura da re-
tina
de onde a
luz sai
zumbindo
feito abelha
do alvéolo
da colméia
ouro-am-
barino)

(pound re-
memorou-
a)

surge
toda–mármore
expondo-se dos
quatro lados — justa
lapidada
exata em sua
canora ar-
quitetura

: enquanto o
canal murmura
e dentro
no fuste ornado
das colunas de
pietro lombardo
pequenas sereias
como que
(entre pâmpanos)
eretas sobre a
cauda bicurva
jubilam

visitando a *domus aurea*

Dessepulta do oblívion
de centúrias de pó   ei-la (onde
fora) a
Domus Aurea:
labirinto subcutônio de corredores vazios
e amplos salões devastados
que o viés de lucernas intermitentes
ilumina:
rastilhos de vermelhão e brilhos
fugidios
recordam o fausto das pinturas parietais
os tetos de paletas de marfim
a mirável rotonda encimada por um móvel
domo: ali um zodíaco
de astros em perpétuo giro
orbitava em céu cobalto-escuro

: sobre os convivas dos festins cesáreos
pétalas (outrora) de rosas
e essências perfumadas (outrora)
choviam

: aqui o Sol da Nova Idade-de-Ouro
(celebrado uma vez por Sêneca na mesma
"Aboborose" em que expusera à derrisão o
claudicante Cláudio) –
Nero o Imperial Citaredo
ressoou sua lira apolínea
: podemos quase-ouvi-lo entoando –
    colla Cytheriacae splendent agitata colombae
vogais bem-moduladas de um hexâmetro perempto –

: Sol-posto
sob a máscara gorgônea enegreceu-o
desde então no Áureo Domicílio
a torva danação torcida e retorcida
em torno dele:
        dragão laocoônteo enroscado
        no torso de uma estátua que
        desaba

: Fora agora
nos beirais estivos de Roma
pombas – condutoras do carro azul de Vênus –
resplendem caudas vibráteis

: o Tempo – por um átimo resgatado à clausura
escura da legenda –
faz um esforço de memória

ENTRE

MILÊNIOS délficas 153

1.
ônfalo ecumênica
Δελφοί!
junto ao murmúrio
da fonte castália
ouço versos em inglês
e francês
εἶμαι φιλελληνικός
imé fililinicós (fileleno
eu)
ó que
saudades do som do
grego...

2.
não sendo o taxí-
pode aquileu –
(o velocípede aquiles –
odorico – o macarrônico –
dixit em português monstruoso)
sentei-me nesta pedra
à dendissombra destas

folhas verde-
-finas, ao lado destes
arbustos verde-lúcido,
e deixei de fazer a visita
ao templo altaneiro de apolo
(exausto,
rota-acima)
mas conseguira grimpar-me à rocha até
o oráculo
onde a sibila (heráclito
ἧ σκοτεινός ο
consigna) nem
fala nem cala:
assigna

3.
línguas em
pentecostes
tantas
grego(neo) inglês francês espanhol
hebraico(neo) italiano árabe hindu
(ayyappa paniker)
afro-sons da nigéria à costa
do marfim sini-sons
lituano russo –

MILÊNIOS

babel re-
conciliada –
toda essa polissonora
constelação de línguas
soprando
das madres
das matrizes
do mais interno
fundo onde
píton   πύθων
serpenteia seus nós
na garganta
e se transforma
e se transcobra e se desvaira e se
enigma em
pitonisa   πυθώνισσα

ENTRE

legenda negra

— para ivan
alquimopoeta —

domiciano (filho de
vespasiano) o
atrabiliário último
césar da linhagem dos flávios
quando seu humor enegrecia
costumava aterrorizar
os gerônticos senadores e os
cavaleiros mais distinguidos de sua
corte — δὲ τοὺς πρώτους τῆς γερουσίας
καὶ τῶν ἱππέων
fazendo-os recolher num aposento
todo negro — οἶκον μελάντατον —
teto negro paredes negras soalho negro e nele
negro-desnudos coxins
sobre o chão nu-
-pó-de-carvão:
os convidados acorriam sós à noite
sem acólitos — μόνους
νυκτὸς ἄνευ τῶν ἀκολούθων —
diante de cada um
uma estela fúnebre e uma καὶ
λυχνοῦχον μικρόν lâmpada pequena
como a das tumbas:

então belos moços desnudos παῖδες
εὐπρεπεῖς γυμνοί pintados
de negro circun-
giravam quase-ídolos
fantásmeos em torno dos
convivas numa sarabanda
horrível e
acabavam por sentar-se ao pé deles
e em salvas nigérrimas
punham-lhes diante todas as sólitas
oferendas negras dos rituais fúnebres:
assim todos temiam e tremiam
aguardando que lhes fosse
cortado o pescoço no próximo
instante: e
mortalmente silentes
deixavam-se estar como se
no reino dos mortos
enquanto – só ele eloqüente –
domiciano discreteava (mas
apenas sobre tópicos de morte e
morticínio):
e então
de súbito
o imperador os dispensava
providenciando antes

MILÊNIOS

a remoção dos escravos postados no vestíbulo:
os convivas ficavam sob a guarda de outros
desconhecidos escravos
que os conduziam em liteiras ou carruagens
mortos (cada vez mais) de medo:
apenas abrigados em seus lares
prestes a retomar o fôlego
eis que lhes soa o anúncio:
chegou um mensageiro de augusto!
novamente se persuadiam de que a morte
se avizinhava mas
o núncio lhes trazia a estela de prata
e outros fâmulos em séquito
aportavam-lhes os vários utensílios
(inclusive as custosas alfaias de
ouro negro) do banquete:
depois aquele mesmo efebo
– o dâimon familiar de cada conviva –
exsurgia λελουμένος τε καὶ κεκοσμημένος
lavado e adornado de cosméticos:
fora toda uma longa νυκτὸς
noite φοβούμενοι de terror:
recebiam afinal os
dons

> (via dio cassius cocceianus
> de nicéia/ bitínia, história de
> roma 67: 9, 1-5)

ENTRE

MILÊNIOS o ozônio dos deuses

1.
no azul
euxino

o sol   uma glande

                                                acesa

contas de azul
entre   dedos
de oliveiras

kombológuion   κ
tacteado   pelos   ο
deuses   μ
                                          β
                                          ο
                                          λ
                                          ó
2.   γ
sagrado a poséidon   ι
                                          ο
este lugar   ν
            onde egeu

cabo colunas

um nome:

byron

no mármore cariado

do verde acidulado   ao azul pupila
o céu desdobra o leque dos possíveis

rubra coluna truncada hélios   ἥλιος
o sol   no pódium dos vermelhos

3.
o deus
degolado
nos olha
e sorri

de olhos vazados

4.
no punho de zeus
o trovão

artelhos e o joelho
encurvam
no arco
do gesto   vôo interrupto

5.
máscara de ouro de
agamêmnon
olho–de–cão

planície sulfurada
cotos de colunas
sobre o mar jacínteo

lendo a *ilíada*

ENTRE

MILÊNIOS I

Tróia.
Circum-soando o bronze
das armaduras fagulha.
Homens encarniçados. Carnagem.
Devoradores-de-Carne.
As lanças afundam elmos
fraturam ossos
miolos espirram como v ô m i t o
dos crânios
truncos.
Alguém fita o azul convexo
pela última vez: a Moira escura
anoitece-o.

Do alto de Pérgamo
da torre sobranceira às Portas Céias
Helena – peplo de prata roçagante –
tudo contempla:
                    olhos de cadela.

ENTRE

Rei de
Ítaca   Odisseu
multimanhoso (multi-
maligno?) solerte
pai de Telêmaco de
Penélope alvo do paciente tecer
sempredesfeito   Qual a tua vera
efígie? Herói
magnânimo multi-
glorioso nos vergéis violeta
sob o céu lazúli
de Calipso a
Ocultadora a Elíptica
recusando a dádiva de sair
da condição mortal? Ou
aquele hierarca in-
clemente que castigou Tersites
o feíssimo
temerário truão sem lei
sem rei sem linhagem
golpeado duro com o cetro
absoluto de Agamêmnon? Ou
aquele que à popa

da nau içou para Atena os despojos sangrentos
de Dólon Troiano depois
de persuadi-lo à delação e prometer-lhe
a vida e um possível resgate? Ou
finalmente o de Dante luci-
ferino nauta apostado a buscar
o plúmbeo astro polar do saber
evasivo/elusivo
o mar voraginoso sulcando uma outra vez
com velhitardos companheiros?

Multilabioso Odisseu –
de membro espadaúdo
de estatura mediano –
tu que eras tão loquaz
nas arengas da ágora
responde-me: quem ao fim
e ao cabo foste?
                 Inter-
dito Odisseu
Nãodisseu Nenhum-
Homem (quiçá cada um de
nós?) não diz   Nem mesmo
nomear
o nome ilustre pode
sem antes – como Tirésias Tebano

velho com mamas de mulher
áugure morcegocego – beber
sua ração de sangue lutulento

ENTRE

MILÊNIOS   3   173

Olho-de-
-cão   Agamêmnon
pastor-de-povos   rei
dos Aqueus
amplipotente
a ti sempre
o melhor quinhão
no butim   A primazia
na escolha das mais belas
cativas de peplo roçagante
o posto primacial nos banquetes
regados a vinho louro-mel
na capitânea tenda de velário púrpura

Vil na rixa com Aquiles divino
varonil ao rechaçar os Troianos
até aos muros de Ílion sacra
às portas Céias
à figueira selvagem

Brasona-te o escudo multiornado
onde a espantosa Górgona se estampa
e um dragão azul-cianuro

se retorce e entrama   Esplendes
em tua pompa
como Hélios-Sol ensimesmado
no áureo vertedouro de seus raios   Cetro-
-imperioso Agamêmnon
resplendes
Basileu

Mas Clitemnestra
perfil adunco
enturva o âmbito sereno-azul
do teu triunfo encastoado de ouro   Mestra
sanguinolenta:
um roxo tatalar de asas de mau agouro

Tersites
Quasímodo homérico
o mais feio dos Aqueus
humilhado por
            Odisseu polúmetis
sob o cetro de ouro
            de Agamêmnon
por ter dito do Rei
            Olho-de-Cão
o que Aquiles Peleide
            dissera
e por ter dito de Aquiles
que lhe faltara nervo
para pôr termo aos
insultos do Atreide
a fio de espada (já que
nem ele nem ninguém
senão o pés-velozes percebera
Atena – olhiglauca –
puxar o herói irado pelos cabelos louros
à nuca – e fuzilá-lo
com a luz cobalto de sua mirada ultra-azul
paralisando-o)

               — mas Tersites — esse
anti-herói boquifrouxo —
               esse disforme sátiro expiatório
               em figurinha de argila
                              exconjurante
                              de agouros
sem lei
sem linhagem
sem vez — insultar o Rei?

Nele falava o Aqueu comum
o anonim' homem
(guardando numa âmbula
de vidro grosseiro a faísca
eleutérica de Prometeu
o revel que um vultúrio
               para sempre tortura)

Tersites o bufão
o anonim' homem
Odisseu o Não-Nome
o Nenhum-Nome
Rei vacante de Ítaca
sem reconhecê-lo consangüíneo
o puniu

(Os homens-sub todos
– a multitudinosa turba
dos soldados rasos –
gargalhando)

ENTRE

Este Polônio memorioso
mitômano Quixote
– o Gerênio Néstor
velho herói supérstite
Sênior em armas encanecido
escrita no peito em cicatrizes
a gesta memorial
das passadas batalhas

Sempre um conselho judicioso
e uma estória exemplar
(ele – rei de Pilo –
doma-corcéis famigerado
sempre em cena e vitorioso)

Enquanto o mar talásseo jubilando
esmaga o sumo de uvas violeta
ele –
não mais seguro no vermelho manejo
da brônzea lança de guerra
cultiva
como o mocho de Palas
Atena o
discurso grisalho da prudência

ENTRE

MILÊNIOS

6

Criseida   belas–maçãs–do–rosto
Briseida   maçãs–do–rosto–belas
Uma e outra
uma ou outra
de olhos rútilos esta ou
aquela utensílio (Criseida)
do leito de Agamêmnon
commodity (Briseida)
da tenda esplêndida de Aquiles
como novilhas ou parelhas
eqüinas ouro bronze ou o
precioso metal sidéreo o bem-
-lavrado ferro
parcelas indiferentes do butim
(reversíveis)

Criseida a urdir a lã nos teares
do paço ou a desnudar-se
no tálamo do Rei (mais desejável
mais jovem do que a rainha
Clitemnestra
— a qual no entanto o
aziago Egisto...)

Briseida conforto em tez e talhe
para as noitadas de Aquiles
nas alfombras púrpuro-sedosas
do pavilhão onde o herói
(ao lado Pátroclo o dileto
a se entreter com a cativa
de redondas coxas que o amigo lhe
dera   dom macio) dormia

O furor − a mênis
vermelho-fúria − a ira que irá
corroendo o Peleide de armas ímpares
e dedáleo escudo labirinto-ornado
inspirou-a a gana de Agamêmnon
odioso rei dos Dânaos
ávido de espólios
que Zeus comedidor ungira
e que o despojava agora
prepotente
da linda cintura submissa
de Briseida fâmula de cama
e vaso de unguentos perfumosos

Mas quando o herói coração-
-flâmeo tange a lira cravejada
de prata e canta façanhas guerreiras

à popa de sua nau bicôncava
é Pátroclo quem dileto
ao pé dele   o escuta

ENTRE

Arcaico
Ájax sobraçando
o escudo turriforme:
gigante minóico
páleo-herói imbatível
panzer de couraça brônzea
esmagando Dardânios como frutos podres
(pastoso sumo de encéfalos
a escorrer
cinza-sanguinolento)

Avanças elefânteo
feito um tufão
possesso
microcérebro em tronco megamusculoso
vibrador da lança longilínea
de dezoito côvados de sombra
da laminada enorme espada
relâmpago de bronze irruente

Não podias prever
titã abnorme
tardo em reflexão

que o poliardiloso Odisseu um dia
te enredaria – sutil aracnídeo
– em dolosa maranha
e vencedor no prélio vicioso
te arrebatasse as armas:
o labirintilavrado escudo vulcânico
o gládio bronzifúlgeo
o coruscante arnês de Aquiles
Peleide
o herói que a Moiramorte escurecera jovem
picado no talão pela farpa ferina
do fútil sagitário de cabelos crespos
Páris Alexandro
ícone divino

Agora enfurecido assolas
teu rebanho de bois
confundindo passivos bucrânios
com testas de guerreiros de elmo bicorne

Assolas
e irrita os numes tanta sanha
tamanha húbris entestando-se
– testarda – movida a bílis negra
contra os desígnios do Urânio

Então
em tua própria lança longa-sombra
te alanceias desacorde
em desafio aberto aos fados

e Odisseu
– o artimanhoso bem-astrado
herdeiro das armas do Aquileu –
com aladas palavras de hidromel
conciliadoras
– o Nenhum-Nome insular Senhor de Ítaca –
Odisseu é quem –
contra o ruivo-ressabiado Menelau
contra Agamêmnon
o olhitorvo Basileu de escudo gorgôneo
e imperativo cetro de ouro –
te assegura afinal
a flâmea paz da pira fúnebre
as condoídas carpideiras nênias
longe do afã cadaveroso dos corvos carnaçais
e da córnea arremetida dos abutres

ENTRE

De onde esse estertor
lutuoso
de cavalos nitrindo?

De onde essa comoção
de perda sem remédio?

O ruivo Xanto e o fogoso Balíon
os divinos corcéis de Aquiles
choram por Pátroclo
enevoado de morte:
longo fio de
lágrimas de lástima
escorre de suas pálpebras
imortais

ENTRE

do mar anil
Tétis   pés de prata
luminescente
                    e m e r g e
rodeada por uma guirlanda
de ninfas −   líquidas   abissais
nereidas   nomes
sonoros ressoando sob o
olho topázio do sol:

> Gláucia azul–mar
> Tália florida
> a ôndula Cimotóe
> a insular Neséia
> a cavernícola Espéia
> Toa nado–agílima
> Hália cinza–sal olhos
> redondos
> Mélita mel   Iera grácil
> Anfitóe circum–nadante
> Ágave bem–nada
> Actéia e Limnória
> Doto e seus dons
> Cimotóe onda–rápida

                                        Proto primícias
                                        fértil Férusa
                                        Dexamene cisterna-amena
                                        Dinamene dínamofluente
                                        circumpróxima Anfínome
                                        Calianira encanta-homens
                                        Dóris
                                        Panopéia pamprotetora
                                        gloriosa Galatéia
                                        Ianassa Climene Caliânassa
                                        Maíria Oritéia Amátia

o mar agora
muda de anil a
violeta roxo-fogo vinho
sob a couraça de cobre
resplendente
do urânio-céu —
                              soprando os retorcidos
búzios acode uma
tropa de tritões
hirsutos de espuma:
                                        acre
sanha de luxúria
respira no ar
vermelho

1.

Moiramovido Aquiles   pés-velozes
à ociosa senectude apaziguada
prefere a precoce morte a vida breve a póstuma
glória conquistada
no campo de batalha

Fadocompulso Odisseu   (outra Moira o move)
envelhecido na errância
e na aventura
                    não se resigna ao fogo da lareira
                    junto a Penélope
                    rainha-tecelã
                    em seu paço de Ítaca
                    senhorial

Reunindo os provados companheiros
de novo brande o remo e a nau comove
de assalto à onda talássea
curioso desse enigma azul-turquino

poliarguto inquisidor do abismo   ao vórtice
votado   à glauca
cifra insondável   à
desmesura esquiva

2.

Quando porém Odisseu baixa aos infernos
e no reino plúmbeo ouve Tirésias e
vê exsurgir das madres Anticléia
a sombra do Aquileu com que depara
— lívido ícone de homem —
e que ele honora qual Senhor dos Mortos
recusa dar ouvidos às palavras de conforto
gratulatórias:

> "Preferia ser o servo
> da gleba de um outro
> de um qualquer   paupérrimo
> quase sem ter o de-comer
> do que imperar sobre toda
> uma necrópole de fantasmas
> exangues"

3.
E Odisseu lhe falou de Neoptoleno
e de como saiu armado do cavalo:

e o pés-velozes
(o ânimo-alma dele) jubiloso
se foi   largas passadas
pelo campo azul-pálido de asfódelos

ENTRE

Cafetão de Afrodite
(a que nasceu do esperma espúmeo –
– ἀφρός – do *castrato* Urano) Páris
traíste teu hospedeiro
Menelau – rei de Esparta –
e lhe raptaste a bela Helena

ἑλέναυς
ἕλανδρος
ἑλέπτολις

ship's–hell
man's–hell
city's–hell

nauvoradora
urbevoraz
homívora

e os tesouros de seu – ouro e pórfiro
boudoir

Agora –
paquerador de donzelas
objeto de desejo das
mulheres maduras
fornicador
de puelas defuctutas
escutas humilhado
os reproches de Héctor: "Parido
de mau-parto
Páris
aziago a Tróia"

e os insultos do louro
Menelau
te sobressaltam

Mas a ti caberá
a ti – com teus cabelos
cacheados e teu ar adamado de efebo –
a glória de ferir o mortal
calcanhar de Aquiles

MILÊNIOS

CADERNO FILELENO:

Lendo a Ilíada — 11

Castão de Afrodite
(a que nasceu do esperma espúmeo
'αφρός' do castrado Urano) Páris
traíste teu hospedeiro
Menelau — rei de Esparta —
e lhe raptaste a bela Helena

Naviobradora
urbevoras
homínia

ελέναυς ε ενανς
Πελ άνδρος ανδρος
εξ έπτολις ετξητε

Ship's Hell
Man's Hell
City's Hell

e os tesouros de teu — ouro e porfiro —
boudoir
Agora —
pagueador de donzelas
objeto de desejo das
mulheres maduras
fornicador

Obs: E.P, c(I), 6; R. Browning, Agamemnon (pg. 5ºD; Aeschylus' Agam: 685-690).
E.P. Make it New (pg. 146-156, especiau 15, 163).
J. Hamilton Edwards + William V. Vasse, Anno-
tated Index to the Cantos of E.P (p. 262 - C.VII p. 36).
A Companion to the Cantos of E.P., t., p. 33, VIII, 21; p. 39, "Helen".
Tendl, ... IX, 8L

(comprado em Atenas, maio/2001)

de ~~puelas~~ defuntas   DEFUCTUTA

75

escutas humilhada

os reproches de Héctor: "Parido
a.h.
de mau-parto

Páris

aziago a Tróia "

e os insultos do louro

Menelau
te sobressaltam

Mas a ti caberá
a ti — com teus cabelos   damado
cacheado e teu ar de efebo —
a glória de ferir o mortal
calcanhar de Aquiles

1º ABR 2001

terceiras transluminuras

ENTRE

MILÊNIOS

odisséia – homero
(VI, 127-155; 198-210)

Odisseu, o divino, falou. Exsurgiu
por detrás de um arbusto. A mão forte arrancou
um ramo todo-folhas, resguardando assim
o corpo nu: a genitália. Leão montês,
fiado em seu vigor, contra rajada de vento
ou bátega de chuva, avança, olhos em brasa;
cai sobre bois, ovelhas ou dá caça ao élafo
galheiro, mato adentro, e até ao redil fechado
o impele o aguilhão epigástrico. Odisseu
quase se mete nu entre as moças de tranças
bem-tramadas, urgido pelo fado, sujo
da marugem salina. Espantadas, escapam,
praia-além, por aqui, por ali. Só Nausícaa
alcínea, encorajada por Atena, pára:
não foge, mas o encara. Odisseu titubeia:
deve abraçar os joelhos lisos da moça olhos-
lindos, e suplicar-lhe, ou, de onde está, rogar-lhe
com o mel das palavras que lhe desse roupas
e lhe mostrasse a pólis. Decidiu falar-lhe
de onde estava. Ao seu toque – abraçá-la? – talvez
se assustasse. Palavras mel-sutis, de açúcar,
então lhe diz: "Princesa, és deusa ou mortal? Rogo-te

se estás entre as Divinas que no céu-urânio,
vasto, habitam, a mim semelhas a filha, Ártemis
de Zeus megapotente, no porte altaneiro,
na beleza pura, ícone dela, exatíssimo.
Se és uma entre as mortais, habitantes da terra,
que tríplice-abençoados, teu pai, tua mãe sejam,
tríplice-abençoados teus irmãos...
[...]
Nausícaa então chamou suas aias, lindas-tranças:
"Ancilas, junto a mim! Fugir por que, à visão
de um homem? Temeis seja ele um nosso inimigo?
Aquele que pretenda aportar, mente hostil,
trazendo guerra à nossa terra, ao país dos feácios,
ainda não nasceu; não há de nascer jamais.
Somos caros aos deuses. No extremo do mar
poliundoso restamos, sem contactos outros.
Este, que aqui deu, náufrago jogado às ondas,
é um infeliz: devemos acolhê-lo. Zeus
protege os alienígenas e os miseráveis.
Dar-lhes algo lhe é grato. De comer, beber,
aias, dai-lhe; no rio, ao abrigo, banhai-o..."

MILÊNIOS

odisséia – homero
(XII, 181-201)
o canto das sereias

Mas assim que o vozear distante já se ouvia,
mesmo nos apressando, não lhes fugia a rápida
nau desabalada, e – cristal – o canto entoam.
"Vem, ó mega-herói, glória da Acaia, Odisseu.
Pára a nave, e a nós ambas poderás ouvir;
jamais por aqui nave negra bordejou
sem que o melicanoro cantar escutasse
de nossas bocas e, após fruí-lo, plena e sábia
se apartar. Conhecemos o sofrer de Gregos
e Troianos em Ílion, vontade dos deuses;
no polifértil chão, quanto passou, sabemos."
Tive ganas de ouvir suas líquidas odes
no coração, e aos homens mandei que soltassem-me
com um aceno de olhos; recurvos, remavam.
Perimedes e Euríloco súbito ergueram-se
e mais forte me ataram, apertando as cordas.
Mas postos afinal ao largo, não sentindo
mais o canto-cristal das Sereias, então
os companheiros destamparam os ouvidos
da cera que eu metera neles e das cordas
pronto me deixaram livre, desamarrando-as.

ENTRE

MILÊNIOS

à margem da *odisséia* –
náufrago atônito – jorge guillén

Pela costa internando-se, Odisseu,
Náufrago, todo nu,
Deu com umas donzelas,
Que correram. Imóvel e radiante,
Uma única se erguia. Uma só. Pasmo,
Malcoberto de folhas, disse o náufrago,
Voz fervente, mirando deslumbrado:
"Belíssima, quem és, beleza pura
De branquíssimos braços? Uma deusa
Que desceu a esta terra de mortais?
Ou apenas mulher,
Mas similar aos deuses?
Felizes os teus pais, que te engendraram!
Beleza tal meus olhos nunca viram,
Digna de Ártemis, filha de Zeus grande.
Uma só vez, uma única,
Me senti comovido como agora.
Foi em Delos, aos pés do altar de Apolo.
Vi uma palmeira, tão gentil, tão grácil,
Que o coração tremeu-me ante suas palmas.
Perdoa-me que chegue, assim, desnudo".
A bela, braços-cândidos, sorriu:
"Forasteiro, quem sejas…" E sorria,
Luminescente, senhorial, – Nausícaa!

ENTRE

MILÊNIOS   *omeros* – dereck walcott
(capítulo XXIX, III)

Na noite enluarada eu, amoldado em ventosa
a seu corpo, roncava. De um repelão, ela
afastou, gritando, a úmida carne: espinhosa

sensação ouriçou-me. A lâmpada amarela
do abajur apagou, puxando-lhe a corrente
no móvel, junto dela. Cismo, pensativo,

e retraio o focinho. Ela unhava-se (eu, rente,
me avizinhara) as faces. Alcancei-a, furtivo:
rejeitou-me, aterrada, e buscou, num repente,

abrigo à cabeceira. Baixando os colmilhos,
cascos em fenda, acúleos no dorso, envolvente,
eu quis tomá-la. "Monstro!" – ela em tom convulsivo

"Monstro!" Eu olhei você dormindo: roncos, moscas
em redor. Num fossado, você chafurdava.
Caso os monstros chorassem, eu chorara, à fusca

vigília do meio-sono, que ainda entrefechava-me
(cola) os olhos. Seus dedos: ramos. Na mácega
me embrenho até os seus peitos. Doce, consolou-me.

Senti seu soluçar, seus ombros, sua beleza
magra, o riso de seu corpo. "Coisa de louco,
o que bebi!" Então, Circe abraça o seu porco.

ENTRE

pernilongos ranzinzas   sifões (sem vexame) de sangue
     humano   noturnos animalúnculos dípteros
a zenófila (peço-lhes) – aplacados – deixem na paz de hipnos
estou aqui: devorem toda a carne do meu corpo!
mas a vocês   celebro em vão: feras infrenes
que se fartam da mais puro-cálida pele!
malignos monstrengos: tomem tento   temerários!
se não lhes mostro o peso de minhas mãos ciosas...

ENTRE

maurice scève (c. 1500-1564)
CCCXXXI

Hidrológio dos olhos, a umidade
Ímpia esvazia lágrimas, oblíqua,
E atrai ao ciclo, ar na vacuidade,
Os meus suspiros, que em seguir se aplica.
Sobe ou declina, assim ela replica,
Água vertendo às chamas abrasadas.
Ao pranto, como estão habituadas
As lágrimas que em gotas se destilam!
Pois do topo de mim, gotas, se instilam
No mesmo seio de onde evaporadas.

ENTRE

ganimedes –
johann wolfgang von goethe

Como no rubor-manhã
Circunda-me teu ardor,
Primavera, Dileta!
Como no amor – mil-doçuras –
Empolga-me o coração
Teu calor sempiterno,
Sacrossanto sentir,
Intérmina beleza!
Quem me dera estreitar-te
Neste abraço!
No teu colo – ah! –
Descanso e me confundo,
E tuas flores, tua relva,
O coração me empolgam.
Amainas a fremente
Sede do meu seio,
Amável brisa matinal!
Chama-me amoroso o rouxinol,
De lá, do vale das brumas.

Vou indo! Vou indo!
Aonde? Para onde?

Acima, céu-acima,
Altas nuvens pairando,
Declinam, céu-abaixo,
Pendem para o amor desejante,
Para mim! Para mim!
No seu regaço,
Céu-acima,
Envolto, circunvolto,
Para cima, a teu seio,
Pai oniamoroso!

amor: pintor de paisagens – johann wolfgang von goethe

Na alva, sentado sobre penha pétrea,
Estático, na névoa cravei minhas
Pupilas. Como tensa tela cinza,
Largueza e altura ela em velário encerra.

Um menino, a meu lado, então postou-se,
Dizendo: "Amigo, fazes de olhos fixos
O quê, vendo o telame gris-vazio?
Perdeste, por ora, ou para sempre,
O prazer de criar formas e figuras,
De imagens debuxar, dar-lhes contorno?"

Olhei para o garoto e de mim para
Comigo, pensei: "Quer bancar o mestre!"
"Se ficas aí, pasmado, e não te mexes!"
– Disse o fedelho – "nada sai que preste.
Observa, vou pintar-te um mero esboço,
Que da arte do pincel vai dar-te um gosto."
O dedo indicador em riste, róseo,
Tão rosa como a rosa cor-de-rosa,
Ele, sobre o distenso, amplo-vazio
Tapete, com seu dedo-guia se pôs
A pintar. No alto debuxou um sol

Que acendeu-me na vista um arrebol.
Com debrum de ouro contornou as nuvens,
Perfurando de luz o céu nublado.
Pintou, depois, o grácil, tenro topo
De viridentes árvores, e cômoros,
Que dispôs livremente, um após outro.
Abaixo, fez correr um fluxo d'água,
Traçou um rio, qual fora ao natural,
Tão igual, que captava o sol reflexo,
E, à contra-margem, águas murmuravam.
Em torno ao rio, viçaram flores súbitas
E o prado se irisou, versicolor:
Ouro e esmalte, verdor e rubro-púrpura,
Carbúnculos flamantes e esmeraldas.
Claro e glabro reluz o céu por cima,
Montanhas blau ao longe, muito ao longe.
Neo-nascido, tomei-me de deslumbre:
Ora a pintura, ora o pintor mirava.
"Admite" – ponderou-me o pequerrucho –
"Nada mal eu, do ofício, desincumbo-me.
Está por vir, porém, o mais difícil."
O dedo em ponta, agora, pinta um bosque
Pequeno, com cuidado e com apuro,
Exato no lugar onde o sol fúlguro
Incidindo, do solo reverbera.
Debuxou uma jovem todo-bela,

Linda figura, com primor vestida.
Frescas maçãs-do-rosto, na moldura
Dos seus cabelos bruno-louros; faces
De uma tez rósea que em tudo semelha
O rosa do dedinho que a afigura.
"Ó menino, aprendeste com que mestre?"
– Exclamei! – "E que escola freqüentaste,
Que com tal tino e tão naturalmente
Executas e findas teus trabalhos?"
Mas enquanto eu falava, soprou suave
Um zéfiro e agitou as altas frondes;
Na torrente encrespou ôndulas gráceis,
Enfunou da perfeita moça as vestes.
E eu cada vez mais pasmo, mais atônito,
E a bela, a se mover com pés graciosos,
Foi-se achegando, aos poucos, ao lugar
Onde eu sentava e o meu solerte mestre.
E agora tudo já se está movendo,
Árvores e rio, flores e vestido,
E os delicados pés da pluribela.
Acreditais que eu me quedei na rocha,
Calmo e seguro, qual rochedo fosse?

HAROLDO DE CAMPOS

Goethe

Amor : pintor de paisagens

Na alva, sentado sobre penha pétrea,
Estático, na névoa cravei minhas
Pupilas. Como tensa tela cinza,
Largueza e altura ela em velário encerra.

Um menino, a meu lado, então postou-se,
Dizendo: "Amigo, fazes de olhar fixo
O quê, vendo o telame gris-vazio?
Perdeste, por agora, ou para sempre,
O prazer de criar formas e figuras,
De imagens debuxar, dar-lhes contorno?"

Olhei para o garoto e de mim para
Comigo, pensei: "Quer bancar o mestre!"
"Se ficas aí, parmado, e não te meves"
— Disse o fedelho — "nada sai que preste.
Observa, vou pintar-te um mero esboço,
Que da arte do pincel vai dar-te um gosto."
O dedo indicador em riste, róseo,
Tão rosa como a rosa cor-de-rosa,
Ele, sobre o distenso, amplo-vazio
Tapete, com seu dedo-guia se pôs
A pintar. No alto debuxou um sol
Que acendeu-me na vista um arrebol.
Com debrum de ouro contornou as nuvens,
Perfurando de luz o céu nublado.
Pintou, depois, o grácil, tenro topo
De viridentes árvores, e cômoros
Que dispôs livremente, um após outro.
Abaixo, fez correr um fluxo d'água

ideal –
giosué carducci (1835-1907)

Depois que um vapor de ambrosia, sereno,
difuso de tua copa derramaste-me,
ó Hebe com passo de deusa
transvoando sorridente te avias;

não mais do tempo a sombra e dos cuidados
álgidos, sinto pesar-me à fronte, sinto,
ó Hebe, que a helênica vida
tranqüila por minhas veias flui.

E declive-abaixo, os arruinados
da idade lúgubre dias retornam,
ó Hebe, em teu dulçor de luz,
agônicos de revivescência;

e os vindouros anos da caligem
voluntariosos alçam a testa,
ó Hebe, ao teu raio que, trêmulo,
aponta e roseando já os saúda.

A uns e outros tu sorris, estrela
nítida, lá de cima. Assim nos góticos
delubros, entre negras e cândidas
cúspides precípites irrompendo

com dúplice ao céu escolta marmórea
plácida no último pinác'lo está
a doce menina de Jesse
toda-envolta em pontiúnculos de ouro.

Vilas, campos verdes de argentinos
rios irrigados, aérea ela contempla
as ondejantes searas nos plainos,
as irradiantes sobre os alpes neves;

em torno dela nuvens circum-voam;
fora das nuvens, ela ri, fulgente,
às albas de maio, estação florida,
aos de novembro fúnebres ocasos.

prelúdio – giosué carducci

Odeio a usada poesia, concedendo
cômoda ao vulgo os frouxos flancos, ela, sem
frêmito, sob o abraço consueto,
se estende e dorme.

A mim, a estrofe alerta, ágil:
– aplauso de mãos e ritmo de pés nos coros!
Que eu da asa a colha em vôo, ela
que se retrai e se recusa.

Tal entre os braços de amador silvano
Mênade se estorce sobre o nevoso Edon,
os pomos do florente peito mais formosos
saltando sob o amplexo.

Beijos, gemidos sobre a acesa boca
misturam-se: ri a marmórea fronte
ao sol, difusa em onda longa a coma
estremece no vento.

ENTRE

de *a última viagem de ulisses* – arturo graf

Passaram-se quatro anos. Já tornara
há quatro anos Ulisses à cara Ítaca,
a viver com seu filho e sua consorte
fiel, dando graças à propícia sorte
que dos furiosos ventos e do mar
o resgatara. Em paz, ei-lo a gozar
do sofrido repouso e do sonoro
láureo louvor da Fama, em copa de ouro
bebendo o vinho dos vinhedos flóreos
que ele herdara do pai. Junto a seus glórios,
provectos companheiros de fortuna,
assentes à lareira e à távola única,
de à vida tornar, de antes, se alegrava
e, mente vigilante, recordava
de Ílion as pugnas, do Aquileu invicto,
altivo e desdenhoso e dos muitíssimos
invejados heróis da ilustre e clara
gesta. E do lábil câmbio do mar, as
maravilhas e ardis, a funda, atroz
cova de Polifemo, a maga voz
das dolosas sereias, e à parte, à parte,
de Calipso e de Circe as manhas e artes,
coisas sabidas – ele as recontava –,

coisas que tinham sido, águas passadas;
pálidos de ânsia, com imóveis cílios
como crianças à vista de prodígios,
novas versões da loucura revelha
bebiam, onda a golfar de sua fabela,
os bravos a que o rei embevecia,
e eles à roda; amiúde os surpreendia
nessa postura o renascer do dia.

MILÊNIOS

de *a última viagem*
giovanni pascoli (1855-1912)

XXIV – Calipso

E o mar azul, que o amou, para além, para
longe, o instou, Odisseu, nove dias, nove
noites, e o arrojou à ínsula distante,
à gruta a florescer-lhe à orla, repleta
de cachos de uva e vides pampinosas.
E fosca, em torno, a selva lhe crescia
de bétulas e olentes ciparissos;
falcões e mochos, gralhas de voz gárrula
ali nidificavam e nenhum
ser vivo, deus ou homem, punha ali
o pé. E falcões entre as copas densas
da selva tatalavam rumorosas
asas; dos ocos de árvores decrépitas
os mochos assopravam e, dos ramos,
gralhas gárrulas, de algo que no mar
se dava, alvoroçavam-se. E a Urdidora
dentro, cantando, ao cálido perfume
de um cedro, ouviu na mata um trom estranho.
"Ai de mim!" – diz. "Ouvi vozes de gralhas
e o ressoprar dos mochos." E entre espessas
folhas, revoam falcões de altivas asas.

Terão visto, talvez, à flor das ondas
um qualquer nume, feito um mergulhão
gigante, sobrevoando o mar de estéreis
vórtices? Ou, qual vento, a se mover
sem rastros sobre campo de violeta
e sélinon? Do ouvido fique o dito
longe! Os deuses odeiam a Ocultadora
solitária. Eu o sei bem, desde quando
o homem que amava ao mar o devolvi
e à sua dor. Mas que vês, ó mocho de olhos
redondos? Oh, que vedes, gralhas gárrulas?
Ei-la que sai com a naveta de ouro
na mão, e espreita o que jazia na praia,
fora do mar, ao pé da gruta um último
homem que o vagalhão sacudira: a alva
cabeça dava aceno, com quem
da grota já soubesse, e um pouco trêmulo,
pendiam sobre ele cachos de uvas de uma
vinha. Era Odisseu, era ele que à déia
recambiava o mar: morto, o recambiava
à Ocultadora, à solitária deusa
e à ilha deserta que frondeja, umbigo
do sempiterno mar de águas-talássias.
Voltava nu aquele que regara
de pranto a veste imperecível, dádiva
de sua déia; branco e trêmulo em sua morte,

ele que recusara a juventude
perene. E ela envolveu o homem na nuvem
dos cabelos, e às ondas ululou,
estéreis, onde mais ninguém a ouvia:
"Não ser mais! Não mais ser! Mais nada! Morte
é o que há de menos, quando não mais se é".

ENTRE

bacante –
gabriele d'annunzio

Ah! Quem me chama? Ah! Quem me aferra? Um tirso
eu sou, um tirso frondoso de crinas
que, à impulsão de uma cólera ferina,
descabelo-me, pés nus, me desvisto.

Às nuvens me arrebata, ou ao abismo!
Sejas deus, sejas monstro, serei tua.
Centauro, eis-me aqui: sou tua égua fulva.
De ti me emprenha. Espumo, entre nitridos.

Tritão, eu sou tua fêmea azul-cerúlea.
Minha língua é, como as algas, salgada. Ambas
as pernas, um metal sonoro as cerra.

Quem me chama? Será trompa noturna?
O nitrido de Téssalo? Um deus? Pan
toante? Nua, queimo e gelo. Quem me aferra?

ENTRE

MILÊNIOS

o encontro de ulisses –
gabriele d'annunzio

E como o êxul retorna
à casa paterna
em sua nau ligeira:
seu coração, renovado,
ferve na onda à dianteira;
sua tristeza esvaece,
na virente longa esteira:
assim eu soltei a vela
com os fiéis companheiros,
num dealbar de verão
ventoso, da ápula praia,
onde vi ainda aos céus
uma ereta coluna romana;
afinal eu naveguei
assim para a Hélade esculpida
pela mão do deus na luz
sublime e no mar profundo,
igual a um simulacro
que faz aos homens visíveis
as leis da Força
perfeita. E encontramos um herói.

Encontramo-nos com aquele
que os Latinos chamam Ulisses,
nas águas da Leucádia, sob
as penhas sulcadas e alvas
pênseis sobre o vórtex voraz,
junto à ínsula pétrea
como um rude corpo
ósseo de inderrubável constructo
e só de argêntea cintura
precinta. Nós o vimos
sobre a nau cavada. E regia
no seu punho a escota
escrutando os ventos volúveis
silente. E o pileu
tecido, de marinheiro,
cobria-lhe a cabeça canosa
a túnica breve o joelho
férreo, a pálpebra, por seu turno,
o olho aguçado; e vígil em todo
músculo a infatigada
pujança do coração magnânimo.

E não as trípodes maciças,
nem os redondos vasos
sob os bancos do lenho
reluziam, belos dons

de Alcínoo, rei dos Feácios,
nem a veste, nem o manto
estendido onde deitar-se
e dormir o Herói pudesse.
Somente o arco ele apanhara
da alegre vingança, o arco
de amplos cornos e de nervo
rijo que, tenso, estridulava
como andorinhas, núncias
do deus, quando ele escolhe a seta
para vasar a gorja ao pretendente,
só com o arco e com a negra
sua nave, longe da casa
de alta cumieira, sonora
de industriosas tecelãs, prosseguia
o seu labor necessário
contra o implacável mar.

"Ó Laertíade", gritamos,
e o coração saltava-nos no peito
como aos coribantes do Ida
por uma virtude furibunda,
e o fígado acérrimo ardia:
"Ó Rei dos Homens, eversor
de muralhas, piloto de todas
as sirtes, para onde navegas? A quais

maravilhosos perigos
conduzes o negro lenho teu?
Homens livres somos
e como tu com a escota
nós nossa vida no punho
temos, prontos a deixá-la
em bando ou estendê-la ainda.
Mas se um rei quiséssemos ter,
a tu somente quiséramos
como rei, tu que conheces mil vias.
Toma-nos a bordo de tua nau,
teus fiéis até a morte!"
Sequer dignou-se voltar a cabeça
encanecida; e a aba vermelha
do pileu lhe palpitava
ao vento sobre a face crestada
que o tempo e a dor haviam
sulcado de muitos sulcos
venerandos. "Ouve-me!", eu gritei
por sobre o clamor dos caros companheiros;
"ouve-me, Rei das Procelas,
entre eles sou o mais forte!
Põe-me à prova. Se distendo
o arco teu grande
como um teu par, toma-me
contigo. Se não o estendo, nu,

transfixa-me à tua proa."
Menos desdenhoso, ele voltou-se
àquele orgulho jovem
clarossoante no vento;
e o fulgor dos seus olhos
feriu-me no meio da testa.

Depois, tendeu a escota ao esforço
do vento; e a vela real
afastou-se pelo Iônio radiante; nós,
unidos, olhávamos, silentes.

ENTRE

MILÊNIOS

felice nioben! –
gabriele d'annunzio

Triste e cismando, a sombra cadente, no lido
gético, ele está, Públio Ovídio. Ulula o mar.
Curvo, branqueja o cáput que Amores cingiram:
sobre ele impende, enorme, a ira de Augusto, e o fado
férreo, sem escutar o longo rogatório.
Rega, inútil, o pranto a areia tomitana.
Inutilmente, ainda, de César, o benévolo
nume, o êxul esperando um ramo de oliveira
aplacada. A velhice, inerte, sobrevém.
Senil, a ruga já roteia o rosto. Aguarda
a morte, e clama. Flébil, o carme; por céus
cruéis se alça, onde sibilam dardos que despede
o Geto couraçado, longas pantalonas.
– Niobe feliz, embora tantas tendo visto
desgraças; feita pedra, dos males perdeu
o senso. E vós, também felizes, invocando
da boca o irmão, de nova casca ocluso choupo.
Eu sou, aquele sou, que jamais confinado
será num tronco e anseia em vão ser pedra. Caem
as sombras e se adensam gélidas; ulula
o mar; o vento aporta fragor de armas. Roma,
ó Roma! Oh, à áurea – sobre colinas piníferas –

tépida luz de Vésper e nos irrigados
hortos das águas novas, murmúrio que acalma
as fadigas, e ao longo destes, de ilustrados
pórticos, o sorriso da jovem amiga.

MILÊNIOS

gottfried benn I

Onda noturna – leões do mar, delfins
coroados de jacintos, móvel lastro;
o róseo louro e a rama travertina
sussurram no vazio de ístrio palácio.
Onda noturna – eleitas valvas mútuas,
concha que as vagas jogam contra as fragas, –
então, perdidos o diadema e a púrpura,
devolta ao mar, rola uma pérola alva.

ENTRE

MILÊNIOS   gottfried benn 2   245

Fôssemos nós os padres-avoengos!
Coágulo de muco em charco morno.
Vida e morte, cópula e parto como
seiva a escorrer de nosso mudo sêmen.

Folhas de algas, e dunas, serrania
que o vento forma e para baixo sopra.
Cabeça de libélula, gaivotas,
tudo tão longe, e dor em demasia.

ENTRE

MILÊNIOS

da *viagem terrestre e celeste de simone martini* – mario luzi (1914-2005)

Estudiant

Natura, és
a sempre dita, nomeada
pelas origens...
                    Como era
como estava na mente
dos homens e no senso –
                    naquele cárcere, naquele vento,
muito viva, muito cautelosa.
Ninguém lhe dava, ninguém lhe tomava o tempo.
Tempo era ela mesma, o era eternamente.
História humana que lhe nascia no seio
e nela se consumava
sem deixar vestígios... Sem?
não havia então sapientes
nem cônscios – dentro dela operava
                    a universal experiência.
E agora, tarde, é que nos dávamos conta em prantos.

Giovanna

O rebulir do ser.
                    Oh! a pena
das gerações. Talvez algo
ainda a impelia para mim pró
ou contra.
              Naquela férvida
alquimia de toda a matéria,
de todo o espírito,
naquela nova gênese numinosa.
Quem era? de onde a música,
do éter ou dos ínferos?
                          Uma ânsia
no coração – presunções,
insana, de a mente decidi-lo,
obtusa ainda, humana em demasia
ainda. Disputa, divisão –
                          serás sempre
                          e sempre soberana?

Humilha-o
ser – sente-o –

cercado
de desejo humano.
Aflige-o
sobre si
aquele hálito
ou aquela cupidez
dessa mente
cão-de-caça que o perquire
e não o reconhece
vivo em si desde sempre
assim freqüente o penso
paciente e insofrido
o quê? o único pensável
a mim dado,
a mim vislumbrável,
que não nomeio – não ouso,
como nomeá-lo? –
é só
e sempre o meu
eu que se prolonga
com o seu pátema,
temo. Como nomeá-lo? Nomen...

Na mente humana?
ou no universo?

ou num mais alto
                    não distinto *ibi*?
É, ele,
        lá,
                ou é a sua carência?
É e não é,
            entra
e sai do desejo
e da memória,
                entra
e sai do nome
                e talvez da essência.
Assim os torturava
                    nos séculos
e ainda os atormenta,
                        separados
esses dele, a ele ligados
por um fio escuro
se bem que reluzente
de ausência e de iminência.
Por que não vos olhais todos no rosto
e não reconheceis em vós a vida
onde estamos todos?
Faze-o – suplica, parece-me. Faze-o.

Dentro da língua avoenga,

                              até onde,

até aquele primeiro sêmen
do balbucio humano? –
Desce aquelas penhas ele, descai
em precipícios
ao longo das venaturas e fibras
vibrantes algumas

                         outras ossificadas
de dessuetude e tempo.

                             Atraem-no
ao seu religioso seio
recessos, labirintos,
pélagos de densa escurez
ao encalço das ínfimas raízes,

                           até
ao ainda mudo verbo,

                    mudo mas
conclamado
já, forte, por sua iminência.
E ei-lo – oh! felicidade – é visível
o outro céu da esfera
não tocado pela criação,
não habitado pelo pensamento
mas por sua potência.

                    E é paraíso.

ENTRE

de *caderno gótico* –
mario luzi

III

De novo, astros de amor lucidamente
atravessando essas cabeças nossas
opacas, lá onde incônscios nos sentamos
sobre margens opostas. Natural,
parece, nunca haver-te visto e ouvido
e te afixar agora em luz antiga.

Um desejo? Um lamento? Ambos, desejo
e lamento. Uma febre única, amarga.
Radiava no cristal um vinho astral,
um sol fundido que sorvias aos goles,
fitando a ceguez dura da paisagem.

VI

Vibra o céu. O jacinto efuso cai
entre as paredes brunas. O ar expira
e às vestes sopra. A nuvem vai, esvai-se,
pervade-me. Presença que respira

insidiosa? Vertigem rara passa-me
sobre a fronte; eis, chove uma chama viva
que com sombra quieta e ágil se congraça:
uma essência invisível se reativa.

Ah! Foste tu que o céu, leve, esfloraste
da tarde. Se na porta uma figura
se desvanesce, um frio de morte esmalta-se,
qual gelo, e um pavor lúcido perdura-me.

Passaste por ali, aonde a andorinha
lança-se no caminho; um pé eremita
rompe o véu da luz sobre a via petrina,
convoca o escuro, no ouvido dissipa-se.